情商高，就是好好说话

柳白————著

古吴轩出版社

图书在版编目（ＣＩＰ）数据

情商高，就是好好说话 / 柳白著 . -- 苏州 ： 古吴轩出版社 ， 2020.5（2023.5 重印）
ISBN 978-7-5546-1514-0

Ⅰ . ①情… Ⅱ . ①柳… Ⅲ. ①心理交往－语言艺术－通俗读物 Ⅳ . ① C912.13-49

中国版本图书馆 CIP 数据核字（2020）第 018855 号

责任编辑：蒋丽华
见习编辑：闫毓燕
策划编辑：王　猛
装帧设计：阿　鬼

书　　名：情商高，就是好好说话
著　　者：柳　白
出版发行：古吴轩出版社
　　　　　地址：苏州市八达街118号苏州新闻大厦30F
　　　　　电话：0512-65233679　　　　邮编：215123
印　　刷：天津旭非印刷有限公司
开　　本：880×1230　1/32
印　　张：7.25
字　　数：67千字
版　　次：2020年5月第1版
印　　次：2023年5月第2次印刷
书　　号：ISBN 978-7-5546-1514-0
定　　价：45.00元

如有印装质量问题，请与印刷厂联系。022-22520876

语言是人与人之间沟通的桥梁，也是人与人之间建立友谊最直接的通道。我们身处现代社会中，"会不会说话"有时会直接影响你的收入和晋升。而在目前的大环境中，很多事情的成功，都离不开良好的人际关系。单打独斗的"独行侠"今后大概只会生活在个人英雄主义的童话中。

以前，网络上曾有人调侃说"颜值即正义"。而如今，人们的调侃已经变成了"言值即胜利"，漂亮脸蛋已不再是彰显魅力的唯一方式。许多高情商"男神""女神"的出现让越来越多的人意识到：相比浮于表面的颜值，彰显内涵的"言值"才是真正的硬实力。

很多人之所以受到别人的欢迎，"言值"是其中重要的一部分。

会说话的人，能把话说到别人心坎里，哪怕是批评指责，也能让别人欣然接受；而那些不会说话的人，就算是给予他人帮助，也会因不恰当的言论而使彼此不欢而散。可见，说话这件事从来都不是小事。一句话，可以促成一件事，也可以毁掉一个人。

有的人总喜欢把"我天生就不擅长说话"之类的话挂在嘴边，或是不停地标榜自己是所谓的真性情，口无遮拦地伤害了别人之后，还要厚着脸皮添上一句："别生气，我这人性子直，不太会说话。"

说话是一门艺术，没有谁天生就拥有伶俐的口齿。

有些人总是不屑斟字酌句的表达方式，认为研究这种东西，就是虚伪和不诚实。但仔细想想，如果所谓的真性情，就是不分时间场合，不考虑别人的感受，口无遮拦、无所顾忌地去伤害别人，让别人下不来台，这样的"真性情"真的值得标榜吗？

好好说话不是让你去谄媚，而是希望你能在开口说话之时，给予别人一些尊重和体贴，懂得换位思考，并且更好地表达出自己的诉求，也让对方更容易接受你的意见和想法。

说话其实就像做菜一样，是有技巧可循的。高情商的沟通方式就像一本告诉我们做菜技巧的菜谱。这本"菜谱"的质量直接影响我们"菜品"的好坏。本书的目的，正是帮助读者完善"菜谱"的不足，从而引导读者在修炼情商的同时提升说话技巧，在人际交往中学会好好说话，最终烹饪出一份美味的"佳肴"。

目 录
contents

第二章　不判断对错，先学会倾听

第三章　不要赢了道理，输了感情

第八章 赞美越具体越显真诚

第九章 用不对幽默，还不如沉默

第十章 你说话让人舒服的程度，影响你能达到的高度

第一章

别让你说话的方式，毁了你的优势

　　每个人都有自己的优点，很多时候这些优点正是成功的契机。但是很多有才华的人一生都没有获得成功，这究竟是为什么呢？其根本的原因可能是说话的方式不对。说话是让别人了解你的最主要的方法。如果你的说法方式不恰当，那么他人也就毫无了解你的兴趣，同时，你所有的优势也会因此而消失。

用智商思考，用情商说话

身处这个时代，只会埋着头做事是远远不够的，人际关系应该是你除了做事之外最值得去重视的事情。我们生活在这个时代中，不能只做"独行侠"。毕竟一个人不管多聪明、多有才能，发挥出的作用始终都是有限的。只有把自己融入群体之中，懂得团队协作，才能达到事半功倍的效果，也才有可能接近成功的大门。

人际关系处理得好不好，关键在于会不会说话。会说话的人，哪怕给人传达的是负面消息，也不会带给他人太过压抑的感觉；而不会说话的人，哪怕是传递好消息，也会把别人惹生气，最后搞得不欢而散。

无论是做事还是说话，我们都要动脑去思考，寻找诀窍。要找到对方的"痛点"，把话说到对方心坎里，让对方在不知不觉中接受你的意见和想法，这样才能顺利达到目的，减少前进的阻力。

小汪最近在做一款新产品的开发项目，需要找一些非常冷门且小众的资料。这些资料非常难找。他通过各种途径，得到了一位权威教授的联系方式。这位老教授在这一研究领域名望甚高，但是脾气比较古怪，有不少人都在他那里碰了钉子。

就在大家都以为小汪已经毫无办法的时候，他却成功地抱着一摞材料回到了公司。大家都很惊奇，围着他打听到底是怎么做到的。他也不藏私，一五一十地把经过分享给了大家：原来他在联系教授之前，先做了扎实的功课——深入了解这位教授。他连夜看了该教授的多篇论文，并深入研究、做好记录，还提前准备了几个关于论文的问题，并琢磨了讲话的方式……所有准备都做好以后，他才拨通了教授的电话。教授接到电话后，果然被小汪的真诚打动，经过交流，两人甚至成了忘年交。在这期间，小汪"不经意"地提起他现在正在做的新项目，老教授便主动提供了完整的资料给他。

语言其实是门非常神奇的艺术。同样的意思，换一种方式表达，带给别人的感觉可能是完全不同的。比如你想让别人扫地，如果你说："赶紧把地扫了！"这会给人一种居高临下发号施令的感觉，会令对方心里非常不舒服。但如果你说："能麻烦你把地扫一扫吗？"这样既能显得你彬彬有礼，又能让对方心甘情愿地去扫地。虽然你所传递出的信息是一样的，但不同的表达方式带给别人的感受却是截然不同的。

与人沟通是一门学问，每个人都应该多花点时间和精力去研究。要知道，我们与别人沟通交流，是为了让对方接受我们的意见和想法，并得到反馈，从而达成某些目的。如果因为表达方式不恰当而引起对方的反感，甚至产生纠纷、发生争吵，那就得不偿失了。

智商可以帮助我们进行思考，它是体现情商的基础。但情商却能帮助我们与人交往，是奠定事业的基础。二者相辅相成，缺一不可。

人与人相处的学问，说到底就是交流的问题、讲话的问题。在说话之前好好想一想或者提前收集资料，把要说到的话题提前整理好，会让别人觉得自己被重视、被尊重，也会让你的生活和工作减少许多不必要的麻烦，甚至会成为你上升的助力。

不做职场"杠精"，管住你的嘴

在这个时代，一定程度上，智商可以决定你做事的精度，情商可以决定你人生的高度。

在当代，人与社会越来越密不可分。无论做什么事情，靠单枪匹马是不可能成功的。强有力的人际关系一定程度上决定了事业的成功。而人际关系的建立与维护，与个人的情商直接挂钩。

这一点其实并不难理解。众所周知，人际关系的累积，主要是通过社交活动达成的。而社交活动中最基本的一项内容，就是聊天。一场愉快的聊天可能会为你带来一个改变命运的机会。而一句不中听的话也可能就此毁掉你的优势，将你成功的路堵死。

情商高的人通常都有好人缘，他们能在社交活动中游刃有余。这是因为他们懂得面对什么样的人应该说什么样的话，在什么样的场合应该怎样引导聊天的话题。比如面对朋友和家人的时候，可以轻松随意一些。面对同事或客户等由利益维系关系的对象时，那就自然要谨言慎行，就连开玩笑都要注意把握好尺度，以免一不小心触到对方的雷区；如果让一句无心的玩笑话讲没了机会，那可就真的得不偿失了。

虽然我们一直在强调说话的重要性，但依然有很多缺乏社会经验的年轻人对此嗤之以鼻，甚至还会觉得自己"语不惊人死不休"是一种很酷、很有个性的行为。但这样的"有个性"其实会让很多人觉得困扰，碰到比较保守的人甚至还会被拒绝交流。当然，我们很鼓励个性，很多时候个性会让你更加有吸引力。但个性也分为讨喜和不讨喜两类：讨喜的个性会让你得到极大的帮助，而不讨喜的个性会让你变成人人唯恐避之不及的"怪胎"。

在我们周围，不会说话、不懂聊天的人不在少数。有这么一些人，他们在和人说话的时候特别争强好胜。不管别人说什么，他都要去抬杠，就好像只有把别人顶得说不出话来，才能彰显自己的优越感，证明自己高人一等。这种人在网络上有个热度很高的名字——"杠精"。但事实上，成为一个"杠精"是件非常可怕的事情，这无异于将众人的善意隔离在你的"保护圈"之外。

心高气傲的王玲玲就是这样一个"杠精"，不管和谁说话都喜欢带刺，不管别人说什么她都喜欢抬杠。

比如有一次，同事小A约她说："附近新开了家麻辣烫店，味道可好了，下班一起去尝尝怎么样？"

王玲玲一脸嫌弃："那种小店有什么好吃的啊，卫生条件都不过关。要说好吃，还得是市中心那家日本料理店，但凡有点品位的人都知道。"

又有一次，同事小B在聊天时感叹："那部韩剧你们看了没有？就是最近特别火的那部。我昨天看了几集，男主角真的好帅啊！"

王玲玲一撇嘴："都多大的人了，还看韩剧啊！那种剧情，也就骗骗那些什么都不懂的小姑娘。"

有不少朋友私底下都劝过王玲玲，让她说话不要总是这么得罪人，可她却一直都不以为意。她认为，自己能将别人说得哑口无言是本事，别人说不过她那是嘴笨，而且她又没有说错，凭什么要假惺惺地说些漂亮话去附和别人呢？

直到有一次，王玲玲和公司一位平时文文静静、不太喜欢说话的同事争论一个话题，结果王玲玲被对方辩驳得哑口无言。这时她才发现，原来这个她一直以为嘴笨的姑娘居然这么会说。

看着王玲玲惊讶的样子，同事腼腆地笑了笑，说道："我觉得，平时聊天没必要什么都争出个胜负，聊天又不是打仗，你又不是我的敌人。以前不和你争论，是因为我觉得没有什么意义。那些被你说得哑口无言的人，未必就是因为说不过你才不说的，可能也和我一样，只是觉得没有必要浪费时间和你争论那种毫无意义的事情罢了。毕竟一时的口舌之快，并不能给我们带来任何好处，不是吗？"

我们与别人聊天交流，无外乎就是为了两点：一是建立良好的人际关系，累积人脉；二是交换信息，找一些新的话题打发时间。如果是为了人际关系的建立，那么我们需要的，显然应该是一场可持续的、双方都能感到愉悦的交流，而不是只有你一个人出尽风头，卖弄犀利；如果只是为了打发时间，找点乐子，那么就没必要去争强好胜、破坏气氛了。

说话难听，把别人顶得哑口无言，除了让别人感到不快，不喜欢与你交流之外，还能带来什么呢？要知道，那些真正情商高并且懂得好好说话的人，从来都不屑于在鸡毛蒜皮的小事上反驳别人。对于他们来说，能与人愉快地交流下去并且在此之后渐渐加深交流才是最有成就感的事情。

社交活动本身就极为错综复杂。每个人都有各自的好恶，而这些深层次的东西，是很难靠浅层交往判断出来的。在这样的情况下，管住嘴就显得极为重要了。一句不谨慎的发言便可能触碰到对方的"逆鳞"，引起对方的反感甚至是厌恶，从而毁掉我们原本可以很容易建立起来的人际关系。可见，会不会说话、懂不懂聊天其实在很大程度上决定了你社交活动的成败。

所以，别小看管住嘴带来的影响力，一场真正愉快的聊天，必然是要在你来我往中进行的。而不与别人抬杠的聊天方式无疑是促进人际关系非常直接有效的方式。如果你总是说话带刺，让对方无言以对，连正常的谈话都无法进行下去，那么别人又怎么可能还来找你呢？长此以往，合作机会、工作机会自然也就没有了。所以管住自己的嘴巴，不要一言不合就与人抬杠，这样别人至少不会反感与你进行接触，也可以为以后的交往打下良好的基础。

巧用语言的力量，获得惊人的效果

语言虽然没有实体，却可以直击心灵。语言所能发挥出的效力绝对不容小觑。

或许你可以用武力去强迫别人做一些他们不愿意做的事情，但这样做的结果，只是让别人表面上做了，无疑会让他们对你心生怨恨。而有些人，却往往只需三言两语，就能让对方按照"我的"意愿和想法做事。

一部电影中有一个非常有趣的情节，充分阐释了这一点。

在某航班的飞行途中，空乘人员正在分配飞机餐。可供乘客选择的飞机餐有两种肉类：一种是牛肉，一种是鱼肉。大部分的乘客都选择了牛肉，导致鱼肉大量剩余。新来的空乘人员不免有些担心：这样下去，牛肉必定会供应不足，后面被分配到飞机餐的乘客就只能被迫接受鱼肉。这样一来，这些乘客心里肯定会不高兴，万一因此向公司投诉，那自己就会有麻烦了。

就在新人不知该如何是好时，一位经验丰富的前辈站出来接替了她的工作。那位前辈是这样询问乘客们的意愿的："您好，现在机内供应的午餐有两种选择：一种是用优质的香草和富含矿物质的天然岩盐以及粗制黑胡椒煎出的白身鱼，另一种是牛肉。请问您需要哪一种呢？"

听到这位空姐的描述，大部分的乘客都选择了鱼肉。他们觉得这样做出来的鱼肉似乎要比牛肉更加美味，更加吸引人。困境就这样被顺利地解决了。

这位经验丰富的空姐非常聪明，她看似是在询问乘客的意愿，实际上却是在巧妙地用语言对乘客进行诱导。她在向乘客进行询问时，故意将介绍的重点放在了鱼肉上，并通过一些真实的对烹饪的描述巧妙地向乘客暗示了鱼肉的高级和牛肉的普通。这样对比下来，便容易让乘客直接产生一种印象——鱼肉比牛肉更好。这样一来，在面临二选一的抉择时，除了那些确实不喜欢吃鱼肉的乘客之外，大部分没有偏好的乘客显然更愿意选择听起来在制作上更加用心的鱼肉。

有人或许会觉得，这不过是部电影，难免有些夸大其词。但设身处地地想一想，如果你是电影中的乘客，你原本对牛肉和鱼肉并没有偏好，在这样的情况下又会如何选择呢？很多时候，我们下意识的选择实际上并非全然出自我们自身的意愿。试想一下，当你在两件商品之间犹豫不决的时候，如果店员告诉你，其中一件商品是限量版，非常受欢迎，只剩下最后一件了，你会如何选择呢？相信大部分人心中的天平不自觉地就倾斜了。很显然，此时天平的倾斜并非因为我们有多么心仪这件商品，而是因为店员的诱导增加了这件商品的价值，在不知不觉中影响了我们的决定。

古时候有一个小国，这个国家的国王刚刚逝世，小王子还很年幼，于是就由王后代理朝政。周边的大国看到是一个女人在管理这个小国，都对它虎视眈眈，希望能够把它纳入自己的版图之中。

王后得知这个消息后，就决定去会见兵力最强盛的国家的国王，希望能够打消对方攻打自己国家的念头。见到大国国王后，小国王后温和却又不失身份地说道："尊敬的国王，我听说您计划攻打我们国家，是这样吗？但是恕我直言，如果我的丈夫还在世的话，您确实可以攻打我们的国家；但是他现在去世了，您就不能攻打我们国家了。因为我们国家现在由我一个寡妇在代理朝政，贵国这样的大国自然不会对一个这样的小国出手，否则就是胜之不武。退一万步讲，假如您不在乎名声，硬要攻打我们国家，我也不会临阵脱逃，而是会誓死迎战。如果我赢了，人们会说您堂堂大国的国王输给了一个女人；如果我输了也不要紧，人们只会认为您是在欺负一个寡妇而已。"

这个大国国王听完这番话后，震惊不已。看着小王后不卑不亢的表情，大国国王非常佩服她。他不仅打消了攻打小国的念头，还派兵支援小国，防止其他国家攻打它。

小国王后用"动之以情，晓之以理"的方法说服了大国国王，不仅让大国国王打消了攻打自己国家的念头，还为自己国家寻来了一大庇护。

在这世界上，说话是最简单却又是最难的事情。我们每天都在说话，好话或者坏话，夸赞的话或者冒犯的话。但很多人都不知道，自己口中所说的这些话，究竟具有多么强大的能量，能够让自己或别人的人生发生多么巨大的改变。

语言的力量不容小觑，我们要学会掌控自己的语言，重视自己所说的每一句话。要知道，有些看似无关紧要的话，很可能会影响我们的人生。

嘴甜的人，到哪儿都不吃亏

在人际交往中，语言不仅是一种用于沟通的工具，也是与人交往时的"活名片"，更是维系彼此关系的重要桥梁与纽带。

我们想要了解一个陌生人，需要观察对方的言行举止。你所说的话，实际上就是在向别人展示自己。一个懂得说话的人，展现在别人面前的就是自己最好的一面；而一个总是口出恶言的人，就算心地善良也会让人远离他。

拳头可以伤害人的身体，语言则直达人的心灵。一句美好的话语，可以拉近两个陌生人之间的距离；一句伤人的话语，可以瞬间摧毁友谊的桥梁，在彼此之间筑起一道坚硬的壁垒。

正因如此，许多父母从孩子幼年时期开始，就会教育他们在与人见面时，要先开口礼貌地问好。毕竟嘴甜的人，不管到了哪里都会给人留下良好的印象。有一点无论对孩子还是成年人都很适用：嘴甜的孩子总是更惹人喜爱，而嘴甜的成年人也更能在社会中"混"得开。

小江是个很有才气的女孩，同时也颇有些清高。她毕业进入职场后一直没什么改变，所以和公司同事的关系一直不冷不热。

和小江一起进入公司的女孩甜甜则不然。她是个非常活泼热情的人，逢人都是一张笑脸、几句夸赞，才进入公司没几天就和同事们混熟了。

每次听到甜甜夸王姐的新衣服漂亮，夸李哥最近的健身很有成效，小江都会在心里不屑，撇撇嘴嘀咕一声"虚伪"。可偏偏就是这种小江看不上的"虚伪"，非常受大家欢迎。最让小江难以接受的是，就连总板着脸训人的部门经理也会对甜甜另眼相看。

到了年底，公司决定在今年新入职的员工里评选最优秀的新员工。由于小江和甜甜的业绩不相上下，于是公司决定由同事们进行投票。最终的结果自然不言而喻。

憋了一肚子气的小江打电话向闺蜜吐槽甜甜，等她发泄完情绪之后，闺蜜疑惑地问小江："这个甜甜的工作能力和你比怎么样？"

小江回答说："这次的业绩我俩并列第一。"

闺蜜顿了顿，接着说："她工作能力和你差不多，又比你嘴甜会说话，领导更器重她，同事更喜欢她，难道不是很正常的事吗？"

是啊，你想想，假如你有两个朋友：一个每次见你都热情地打招呼，发自内心地称赞你；另一个总是不冷不热，甚至有时还可能出言不逊。这样的两个人，你会更喜欢谁？答案显而易见。

每个人都希望被尊重、被重视，谁也不愿意自己总是热脸贴别人的冷屁股。人们都喜欢和嘴甜的人打交道，因为他们总能让人感觉到自己被尊重、被关注。这就和老话说的"伸手不打笑脸人"是一个道理。

小江总觉得甜甜"虚伪"，但就像小江闺蜜说的那样，甜甜的工作能力不差，又比小江更会说话，是办公室里的开心果，那么小江又有什么资格去要求别人喜欢她胜过喜欢甜甜呢？而且，嘴甜并不是虚伪或谄媚，而是一种对他人的热情与尊重。当你习惯用美好的语言与别人交流的时候，除了能够带给对方愉悦以外，自己的内心也会愈加美好，久而久之，你也会变得积极开朗起来。

其实，想要成为一个嘴甜的人并不难，只要注意以下几点，你的"甜度"一定会有所提升。

第一，见面主动打招呼。

见到人先开口打招呼，这是基本的礼貌，同时也是向对方表达善意和亲近对方的一种方式。不管你面对的是熟人还是陌生人，先开口打招呼总是不会出错的。如果一时之间你不确定应该如何称呼对方，那么就直接说一句"您好"也是非常礼貌的。

第二，说对方喜欢听的话。

在和别人聊天时，根据对方内心的真实想法，说一些对方喜欢听的话，而不是一味地说自己想说的话。我们要想得到对方的欣赏，在谈话时就要注意对方的感受，按着对方的喜好来进行交谈，和对方讨论一些他懂得最多、最感兴趣的事物。这样，我们才能顺利走进对方的内心，和对方成为朋友。

第三，说话一定要走心。

嘴甜不等于油嘴滑舌。油嘴滑舌的人总喜欢说谄媚的话，显得一点儿都不真诚。但嘴甜的人不同，他们所说的每一句话都是发自内心的赞美。所以，如果你想要改变自己，让自己招人喜欢，就得学会发现别人身上的优点，学会用心去赞美别人。

小心祸从口出，说话之前先想想

俗话说"病从口入，祸从口出"。嘴巴有很重要的两个功能：一是吃喝，二是说话。吃喝无度会损害人的身体健康，而口无遮拦则会招惹祸患。现实生活中的许多悲剧，其实都是由不当的言语引发的。

某地曾发生过一起杀人事件，导火索就是面馆老板和客人的争吵。争吵的起因是客人在点了三碗面之后，发现每碗面都比标价多收了一元钱。客人大为恼怒，便和老板起了争执。双方互不相让，越说越过分，最后扭打到了一起。结果，客人冲动之下拿起刀将老板砍死了，他自己也因此受到了法律的制裁——三碗面，三元钱，几句话，却让老板丢了性命，也赔上了那客人的一生，更毁了两个家庭的幸福。

如果一开始，客人能够心平气和地向老板反映情况，或者老板能够对客人的意见礼貌应对，这场惨剧也许就不会发生。话语虽然不会直接伤害到人的肉体，却如同尖刀一般，可以直接击中人的灵魂。拳头伤人，可能只是痛一下；话语伤人，却能让人铭记终生。

在现实生活中，人与人之间的隔阂往往都是由说话引起的。在不恰当的场合说出不恰当的话，即便这些话里带着善意，也会引发一系列不好的连锁反应，毁掉一段弥足珍贵的情谊。

罗青和王珊原本是很好的朋友，两人从学生时代起就形影不离，感情深厚。

有一段时间，王珊丈夫的公司遇到了一些问题，会计和副经理卷款潜逃，导致公司陷入了严重的财务危机。在得知王珊的情况之后，罗青热情地组织了一次聚会，约了王珊和几个做生意的朋友，试图找一些融资，帮王珊的丈夫一把。

这原本是件好事，王珊心里也对罗青十分感激。可没想到的是，在饭桌上，大家推杯换盏的时候，罗青却开始春风得意地说起她公司最近接到的一笔巨额订单。其实每个人都有炫耀的欲望，尤其是在熟人面前，加上几杯酒下肚，这种欲望更是迅速升腾。在大家的恭维声中，罗青完全把要帮王珊丈夫的事给忘了，反而滔滔不绝地讲述起了自己的创业史。

王珊一直是个比较要强的人，所以在约朋友聚会之前，罗青也没有把王珊的事情告诉大家。因此大家说起话来自然也就没什么避讳，慢慢地这场聚会就演变成了大家竞相炫耀自己成功的舞台，顺便还把一些人的失败事例拿来当笑话说。

罗青一直没有意识到自己对王珊夫妇的冒犯。直到最后，王珊忍无可忍，终于脸色铁青地离开了聚会。

后来，在一些朋友的帮助下，王珊丈夫的公司总算渡过了难关。但王珊和罗青的关系却再也不像从前那般亲密了。虽然王珊后来再也没有提起那天聚会的事情，但每次看见罗青，她心里都觉得非常不舒服，甚至还隐隐觉得，罗青组织那次聚会，就是为了故意羞辱她。

本来亲密无间的朋友，却因为不当的言行产生了难以消除的隔阂，真是令人惋惜。相信罗青组织聚会的初衷确实是为了帮助王珊。只可惜，罗青没能管住自己的嘴，硬生生把一件好事变成了一件坏事。

其实，每个人都有虚荣心，都想在自己春风得意时炫耀一番，享受他人的称赞和崇拜。如果王珊丈夫的公司没有陷入危机，那么在罗青炫耀自己的成功和一帆风顺时，相信王珊也会衷心地为朋友感到高兴。可是在那样不当的场合中，罗青的这些话就像是在王珊的伤口上撒盐一般，最终毁掉了这份可贵的友谊。

话多不如话好

　　想要赢得别人的好感，就得牢记一个原则："话多不如话少，话少不如话好。"其实人都是一样的，只有你话说得动听，别人才会愿意听，愿意和你交流，从而建立进一步的关系。相反，如果你总是忍不住对别人进行批评和侮辱，那么即便说得再有道理，也没有多少人有足够的胸襟能容得下你的冷嘲热讽。

　　我曾听过这样一个故事。

　　一个小菜农养了一头牛，他对这头牛非常好，平日里一直把它照顾得舒舒服服。这头牛很感念小菜农对它的恩情，一直想要报答他。

　　有一天，牛对小菜农说："主人，我知道三十里外有位长者，他的家里也养了一头牛。您去告诉他，让我和他的牛比赛，赌十两银子，我会为您赢回这笔钱的。"

　　听了牛的话，小菜农非常开心，按照牛的意思，兴冲冲地去找了那位长者。长者欣然答允了他的请求，并且约定好了比赛的日子。

到了比赛当天，许多人都跑来看热闹，想知道到底是谁居然有胆子去挑战长者家中那头强壮的牛。

比赛开始了，小菜农站在一旁焦急万分，一直不停地冲着自家的牛叫嚷着："嘿！你倒是使劲啊！没吃饱吗？赶紧好好干！你看看你的牛角，真是难看，一点劲都没有……"

听着小菜农骂骂咧咧的话，牛心里非常不高兴，就连比赛的劲头也泄了，结果输掉了比赛。小菜农没办法，只得按照约定咬牙拿出十两银子，灰溜溜地牵着牛回了家。

到家后，小菜农非常生气，抱怨说一开始就不该听牛的话。牛听了愤怒地对小菜农说："主人，您可知道对于我们牛来说，坚硬好看的角就是我们的骄傲。可您想想您都做了什么？我在奋力比赛的时候，您却一直骂我的角难看。这让我还怎么去比赛呢？当时您要是能称赞我，我肯定不会是这种成绩的！"

小菜农被牛说得哑口无言，心里非常愧疚。他又去找了长者，提出再比一次，这回的赌注是二十两银子。长者刚刚才赢得比赛，意气风发得很，便同意了小菜农的请求。

在第二次比赛的时候，小菜农果真没有骂他的牛，而是一直在场边给牛加油鼓劲，夸它的角坚硬漂亮、蹄子稳健有力……果然，听着小菜农的夸赞，牛的劲头越来越足，很快就赢得了比赛，赢回了黄金。

好话并不等于谄媚的话。语言的神奇之处就在于，即便表达的是同一个意思，只要稍加修饰，改变说法，就能给人全然不同的感觉。就像"肥胖"和"丰腴"，"干瘦"和"苗条"，二者表达的意思未必有多大不同，但后者听上去就比前者动听多了。

从前，有个小国的国王A，他的朋友B是个情商很高、极会说话的人。

在A当政时期，有一年因为经济出现危机，国家动乱，大家纷纷走上街头游行抗议，甚至连落魄的流浪汉们也加入了游行。混乱的局面让A头疼不已，大臣们想了不少办法，情况却一直没有得到改善。

有一天，A正在招待远道而来的B时，又有一批流浪汉在闹事。听到消息后，A眉头紧皱，一时之间也不知道该怎么去安抚那些群情激愤的人。见老朋友一副苦恼的样子，B自告奋勇地表示，愿意去和这些流浪汉们聊聊。

他把这些流浪汉都请到了当地最有名的饭店，然后动情地对众人说道："就在刚才，我还在和国王先生说，人其实什么都能忍受，唯独饿肚子是忍受不了的……我很理解大家。但我得提出一个要求，不是不让你们斗争，而是要合理合法地斗争。现在，国王先生也在努力，希望能和大臣们达成一致，尽快通过你们的提议。当然，咱们的要求也不能太过分。我认为现在最好的方式，就是我们大家重新拟订一份更为合理的提议，我会帮你们把这份提议呈递到国王那里，并尽可能地为你们争取。我希望大家能够信任我，我也曾经穷苦过，不愿意再饿肚子。"

总结起来，B的这番话主要有两个意思：第一，希望大家不要再破坏国家的秩序；第二，重新考虑向国王提出的条件。相信在此之前，内阁大臣们想尽办法去安抚民众时，也提出过这两个要求，但效果都不如B这般好。归根结底，还是因为B说的话更能够打动普通民众，更容易被大家接受。

"饿肚子是忍受不了的""我也曾经穷苦过""不愿意再饿肚子"——就这么短短三句话，说到了这些流浪汉的心坎里，让他们感受到了B的理解与同情，并让他们对B产生了"这个人和那些高高在上，不懂民间疾苦的政府官员是不一样的，或许他是可以信任的"的印象。而一旦让人有了这样积极正面的印象，接下来的事情就顺利多了。

生活中我们不难发现，当一个人费尽口舌说了一堆话，却没有说到重点时，听者往往会烦躁无比；当一个人说的话特别难听时，即便他只说了几个字，也容易令听者发怒。所以，我们说话时既要简练又要动听，这样才能引起别人的兴趣，让别人对你产生好感。

第二章

不判断对错，先学会倾听

倾诉是人们常有的一种欲望，特别是当人们遭遇一些负面情绪的时候，往往会渴望有人可以倾诉，哪怕得不到想要的安慰。其实很多人只想得到一个倾诉的机会，因为道理自己都明白，只是感情上接受不了。这个时候我们需要做的是静静地倾听，而不是张嘴判断对错，对与错对于倾诉的人来说并没有那么重要。

微笑是最大的包容

辛迪·克劳馥是一位名模，曾被评选为"20世纪百名性感女星"第五名，她曾说过："如果女人出门时忘记化妆，那么微笑便是最好的补救方法。"可见在她看来，微笑便是最具魅力的妆容。

人最有魅力的时候便是绽放微笑的时候。微笑不仅是一个简简单单的表情，更是上天赋予人类最宝贵的礼物。人类有着十分丰富的面部表情，却没有任何一个表情比微笑更能拉近距离、增加好感。微笑是一种尊重，更是我们对待生活的一种态度。

美国希尔顿饭店举世闻名。有人询问过希尔顿曾经的董事长康拉德·希尔顿，他成功究竟有什么秘诀，当时希尔顿给出的回答就是"微笑"。他认为，正是微笑给希尔顿饭店带来了如今的繁荣。而事实上，希尔顿饭店的"微笑服务"在酒店行业中确实非常出名。

提及建立"微笑服务"的灵感时，康拉德·希尔顿分享了他年轻时所经历过的一件事：

"那是很多年前的一天，那时候我还非常年轻。一位老夫人前来拜访我，那时我正因工作上遭遇的一些事情陷入烦恼，整个人暴躁极了。整个早上我的秘书都如临大敌，她忐忑不安地把那位拜访者带到了我的办公室。我知道，她离开的时候一定担心极了，生怕我控制不住自己，向这位无辜的拜访者发泄怒火。

"事实上，在抬头与那位拜访者对视之前，我确实险些就破口大骂了。但令人意外的是，就在抬起头的那一瞬间，我看见的是一张慈祥又温和的笑脸。那一刻，已经到嘴边的怨言就这样被我吞了回去，甚至就连我那颗躁动不安的心，似乎也得到了某种抚慰。

"那天，我和那位老夫人进行了非常愉悦的交谈。整个谈话过程中，她脸上那种温和友善的笑容都没有消失过。那种感觉，就好像阳光温柔地照在身上一样，温暖又轻松，舒服极了。一直堵在我胸口的那种窒息般的感觉也渐渐消失了。

"那一次的经历让我终生难忘，我切实感受到了微笑的强大力量。从此之后，'微笑服务'便成了希尔顿饭店的服务宗旨。我希望我的每一个员工都能将我曾感受过的这种温暖和舒适带给客人。所以，不管到哪一个城市的饭店进行巡查，我都一定会注意员工们有没有在上班的时候微笑。"

最后，康拉德·希尔顿这样总结道："微笑是最简单、最省钱、最可行，也是最容易做到的服务。更重要的是，微笑同时也是一种成本低、收益高的投资。"

追求幸福和快乐是人的本能，而微笑则是人幸福和快乐最直观的表现。通常情况下，情绪是会传染的，就像听到悲痛欲绝的哭泣声，我们的心情也会随之感到悲伤；听到幸福愉悦的欢笑声，我们的心情也会更加舒畅。因此，相比那些总是愁云惨淡、唉声叹气的人来说，总是挂着微笑的人显然更容易让人心生好感。

其实这也是拥有高情商的人往往都拥有好人缘的原因。比起其他人，他们总能更好地控制自己的情绪，不论何时何地，都能展露让人心情愉悦的温暖笑容。

希尔顿饭店的成功也是如此。试想一下，当你走进一家饭店，遇到的每个人都向你展露友好和善的微笑，让你心情舒畅，那么相信下次再有机会，你也一定会选择这家饭店。

瞧，微笑就是这么神奇。这是一个多么简单的动作，毫不费力就能做到。你只需要带着友好与善意，发自内心地扬起嘴角。这简单的微笑，所能带给你的收益一定远超你的预期。也难怪有人会说："习惯面带微笑的人，通常比那些习惯紧绷着面孔说话的人更容易获得成功。"

微笑是藏在心底的暖流，既能温暖别人，也能温暖自己。如果你不善言辞，那么时时微笑就行了，微笑是最好的语言；如果你能说会道，那么也不要忘记微笑，因为再精妙的言语也抵不过一个发自内心的笑容。

学会倾听是高情商的一种体现

人们喜欢和高情商的人相处，不仅因为他们会"说话"，更重要的是他们会"倾听"。这里所说的"倾听"包括两点：一是懂得适时地闭嘴听别人说；二是听懂别人的言外之意。

先说第一点，懂得适时地闭嘴听别人说。

沟通不是独角戏，不是让你滔滔不绝地发表演讲。人们之所以喜欢和情商高的人谈话，关键的一点不在于他们说的话有多好听，而是在于他们懂得在恰当的时候闭嘴，把说话的机会留给别人。

安静地扮演好一个倾听者，这一点比会说话重要得多。毕竟每个人都有表现自己的欲望，都希望自己的想法和意见能够得到别人的认可。所以，一个不懂得倾听别人说话的聊天对象是非常可怕的。

李楠就是一个总喜欢自己滔滔不绝的人。尽管他高大帅气，能说会道，但只要是和他相处过的人，都不太愿意和他搭话。私底下，同事们还给他取了个非常贴切的绰号——"话霸"。

最近，公司新来了个女同事，是个二十岁出头的女孩，长相甜美，活泼开朗，很快就和公司同事打成了一片。女孩原本对李楠很有好感，毕竟他高大帅气的外表还是很招人喜欢的。但没想到，两人仅仅进行了一次聊天，女孩就对李楠唯恐避之不及了。

那是女孩到公司的第三天，还没有了解到李楠"话霸"的属性，于是便去找李楠搭话了。结果万万没想到，这直接激发了李楠"话霸"的那一面。

两人聊旅游景点，女孩刚提到自己向往北戴河，李楠就赶紧抢过话头，说海边没什么好玩的，然后讲起自己去游华山的经历，讲得滔滔不绝。女孩好几次想插嘴说几句，都没能插上话。两人聊美食，女孩刚想说自己最喜欢吃麻辣烫，李楠就已经开始滔滔不绝地介绍起了中国八大菜系的风味特色。女孩好几次想应和几声，都没有找到机会……

一直到了上班时间，女孩才终于摆脱"话霸"的"魔音灌耳"，默默回到了工位上，先前那点旖旎的心思也在李楠的滔滔不绝中烟消云散了。

没有无边无际的包容心和耐心，恐怕谁都受不了这样的"话霸"。一个不善言辞的谈话对象或许会让你感到索然无味，但一个像李楠这样喜欢在谈话中演"独角戏"的谈话对象，却会给你带来难以忍受的糟糕体验。

谁都不喜欢和一个活在自己世界，并且不懂得尊重他人的人交谈。因为和这样的人交谈，你根本就没有"谈"的机会，只会被强制变成他"演讲"的听众。有人说，学说话首先要学的是倾听，懂得闭上嘴，让别人有开口的机会，这样才能有来有往地进行交流。

再说第二点，听懂别人的言外之意。

若说话是门艺术，那么倾听便是门技术。很多缺乏社交能力、不懂得为人处世的人，最大的问题就在于，他们听不懂别人说的话是什么意思，也不懂得透过字面的意思，挖掘对方的真实意图。

小芬是个性格内向的女孩，因为从小身体不好，家里呵护备至，没交过什么朋友，所以在人情世故方面有些欠缺。大学毕业后，小芬在亲戚的介绍下认识了赵琦。赵琦是个很不错的男孩，在银行工作，长得高大帅气。两人很快就确定了恋爱关系。

一开始，赵琦很喜欢漂亮单纯的小芬，但相处得越久，赵琦就觉得越累，因为小芬根本就听不懂他说的话的言外之意，两人完全没法沟通。

有一次，赵琦原本和小芬约好去看电影，但那天公司临时安排他跑了一趟业务，下班的时候他已经非常累了。恰好这时小芬打电话来问赵琦在哪里见面，赵琦便委婉地感叹了一下工作很累，完全不想动，想借此暗示小芬取消晚上的约会。可没想到，小芬压根儿没听懂，还继续跟他商量是先吃饭还是先看电影。

　　还有一次，赵琦陪客户去喝酒，恰好撞见了小芬的哥哥，结果被这未来的大舅哥训斥了一番。对于这事，赵琦觉得挺不开心的，就在和小芬聊天的时候提了一句："你哥可真够厉害的，没拿我当外人啊！"结果没想到，小芬却是一副与有荣焉的样子，还赞同道："是啊，我哥真的挺厉害的，他从来都没把你当外人……"

　　小芬很单纯，但不可否认的是，在与人沟通方面，她确实存在问题。要知道，在我们的文化中，大多数人其实都会像赵琦这样，不太习惯把自己的真实想法直接用语言表达出来。如果我们无法透过对方的语言，读懂对方话语背后的意图，那么就很难真正和对方建立愉快的关系。

　　要想学会说话，首先要学会倾听。这不仅是一种社交技巧，更是人与人之间的一种体谅和尊重。高情商的人之所以能获得好人缘，是因为他们不仅懂得扮演好一个倾听者的角色，安静地听别人说话，还能抽丝剥茧地听懂对方字里行间的弦外之音，判断出对方真正的意图，从而做出最恰当的应对。

我需要的只是一个专注的倾听者

　　为了打造良好的人际关系，获得他人的认可和喜爱，很多人都在努力学习说话的技巧，提升自己的"言值"。然而，不少人却忽略了更为重要的一点，那就是倾听。要知道，任何人都有表达的欲望，都希望自己能够成为谈话中的主角，牢牢掌控话语权。而在某些情况下，别人需要的只是一个好的倾听者。

　　很多时候，我们和别人聊天、交流，其实是为了让别人认可并接受我们的意见和想法，而不是为了获得一时的风光和瞩目，或证明自己在表达方面有多么娴熟华丽的技巧。在这种情况下，谈话时，我们就更应该注意对方的反应和感受，把主角的位置让给对方，自己则扮演好谈话过程中的配角。要知道，在谈话中把控话语权的人，未必就是最终的胜利者。在某些时候，学会倾听，往往会让你取得意想不到的效果。

　　王萍是个情商很高的人，无论在生活中还是职场上都拥有很好的人缘，大家特别喜欢和她相处。

一次，王萍受邀参加了一个新产品开发的研讨会。参加这个研讨会除了了解行业新动向之外，为公司网罗有用的人才也是王萍的目的之一。

在会议过程中，一个年轻人的发言引起了王萍的注意，让她起了爱才之心。于是，会议刚一结束，王萍就找到了这个年轻人，先是对他在会议上发表的观点大加赞赏，随后又询问起了某些细节上的问题，显然对年轻人发表的讲话非常感兴趣。

王萍一边看自己记的笔记一边对年轻人说："你说的那个项目我觉得是很有前景的，但有个问题我还有一些疑问……"

结果，还没等王萍把话说完，年轻人就激动地说："您的疑问是不是关于零部件的？其实这个问题很多人之前也都问过我，为什么不用金属去代替塑料？"

王萍一愣，其实她原本想说的并不是这个问题，但看到年轻人两眼发光的样子，就干脆顺着年轻人的话说道："是啊，我正想问这个。金属材质不是比塑料更结实耐用吗？为什么不用金属的呢？我记得以前见过类似的零部件，用的都是金属……"

大概是太兴奋了，还没等王萍说完，年轻人就激动地继续说道："是的是的，您说得非常正确。以前不少老机器上的零部件用的都是金属材质，因为金属比塑料更结实耐用。但这一次，您看，我所使用的这种塑料并不是传统的塑料。它是一种新型的合成材料，材质其实非常特殊……"

年轻人给王萍展示着自己手里的零件，一脸骄傲地说着。看着年轻人的样子，王萍把自己原本打算说的话都咽了下去，转而顺着年轻人说的话兴趣盎然地说："那你现在有时间再多和我详细地说说这种特殊的新型塑料吗？我对它和你的研究都非常感兴趣。"

年轻人自然不会拒绝王萍的请求，之后还主动邀请王萍去参观了他的工厂，向王萍展示了这种新型材料与传统材料相比的各种优势。而王萍也趁机向年轻人提出了合作意向，双方很快签订了合同。

很显然，这次合作的顺利促成，关键还在于王萍与年轻人之间的良好互动。王萍其实是个情商极高的人，在和年轻人谈话之初，她原本打算就年轻人的演讲发表一些意见和看法，并以此来拉近彼此的关系。但在注意到年轻人迫不及待地想要和人分享自己的发现与成就之后，王萍就非常聪明地改变了策略，扮演起了一个倾听者的角色，把舞台让给了正处于兴奋和激动之中的年轻人。如此一来，即便在整场谈话中王萍基本上没有发表过什么言论，却也顺利赢得了年轻人的好感，为之后的合作打下良好的基础。

可见，一场谈话是否成功，有时候并不在于你说了多少话，或发表了多少精彩的意见，而是在于你是否能够让和你谈话的对象感到由衷的满意和欣喜。如果你不能让你的谈话对象享受这场谈话，那么不管你表现得多么可圈可点，你说的话多么精彩纷呈，也是无法达成目的，让你的谈话对象接受你的意见或请求的。

　　所以，请记住，在人际交往中，要想完成一场成功的谈话，必须先满足谈话对象的需要和期待，必须先了解对方在这场谈话中需要的究竟是一个滔滔不绝的"主持人"，还是一个侧耳倾听的"配角"。当你能够配合对方的节奏，让对方在谈话中充分感受到愉悦和满足的时候，这场谈话才称得上是真正成功的谈话。

懂得倾听，才能聊得开心

中国有句老话："会说的不如会听的。"在人际交往中，很多时候，耳朵的作用要比嘴巴大得多。耳朵听到声音会让人警惕，嘴巴却容易给人招惹祸患。所以充满智慧的先人们才会不厌其烦地告诫我们：会听比会说更重要。

一位心理学家曾这样说过："维持人际关系、保持友谊最有效的方法，就是学会以同情和理解的心情去倾听别人的谈话。"

一些人际关系专家经研究后也得出了类似的结论：很多人之所以没有好的人际关系，并不是因为他们不会说话，或者不懂得应该怎么说话，而是因为他们缺乏倾听别人说话的耐心，或者根本就听不出别人的言外之意。

在人际交往中，善于倾听是非常重要的。懂得倾听，才能把话说到别人心坎里，与别人聊得开心，从而交到更多的朋友。这也正是情商高的人通常都更受欢迎的缘故。

一次，方岩从外地出差回来时，在飞机上巧遇了大学同学李青。在闲聊过程中，方岩得知李青现在在一家知名外企上班，这令他感到非常震惊。那家外企在业内十分出名，门槛很高，没有优秀的履历和丰富的工作经验，根本不可能进得去。李青虽然优秀，但以他的条件来说，想进这家企业并不是一件容易的事。

看出方岩的疑惑，李青笑着说道："其实能被录取我也很意外。我们大学毕业的那年，公司因为要开拓日本市场，所以特别招聘了一批懂日语的新人。你知道，大学时候我的'二外'就是日语，虽然不是特别专业，但一般的日常对话没有什么问题，所以就抱着试一试的心态去应聘了。没想到我居然幸运地过了笔试，进入了最终的面试环节。当时，进入最终面试的加上我一共有三个人，其他两个都是日语专业的学生，日语说得比我好多了。主考官让我们各自用日语翻译了一段中文，然后又设定了一些场景让我们和他自由对话。其实我的表现挺业余的，根本比不上那两位。但出乎意料的是，最后主考官却选择了我，并通知我一周后到公司参加培训。"

听了李青的话，方岩更疑惑了："这是为什么呀？"

李青笑了笑回答说："当时我也问了主考官同样的问题。他告诉我，当他和我们三个人分别对话的时候，只有我是一直认真地注视着他，并且倾听他所说的每一句话的，从头到尾我都没有试图打断他的发言。他觉得和我对话很舒服，让他感觉到了被尊重和重视。而另外两个日语专业的学生，或许是急于表现自己的能力，不知不觉就表现得有些盛气凌人，说话也有些咄咄逼人。他说，客户不会喜欢这样'气场强大'的谈判对象的。"

李青之所以能够战胜专业能力比自己更强的竞争对手，归根结底，靠的正是自己善于倾听的好习惯。一场谈话是否成功，很多时候不在于你们谈了什么、有没有深度、有没有思想，而在于这场谈话是否做到了宾主尽欢，让参与谈话的双方都感到满意和愉悦。

在人际交往中，懂得倾听要比懂得说话更容易获得别人的好感。懂得倾听的人往往会给人一种谦虚好学、诚实可信的好印象。更重要的是，在遇到一些自己不擅长的话题时，多听少说也能避免自己说出不成熟的意见，闹出笑话。

倾听说起来容易，但真正要做好却一点儿也不简单。以下几种技巧或许能够帮助你成为一个合格的倾听者。

第一，诚心实意，不可敷衍。

认真倾听对方说话，让对方感觉自己被尊重、被重视，这对提升好感是非常有效的。为了让对方感觉到你在认真倾听，你一定要诚心实意，绝不可敷衍。例如，当对方说话时，我们可以注视对方的双眼，表明我们对他所说的话很感兴趣。如果对方说话时，我们总是东张西望，那么必然会让对方觉得我们心不在焉。

第二，适时提出问题，或给予反馈。

在倾听的过程中，一直沉默不语是不行的，这会让对方感觉你根本没有在用心听他说话。所以，我们要懂得适时地给予一些反馈，比如就对方谈论的话题提出一些问题，或者给出一些评价，等等，表明我们确实在用心听对方说话。

第三，及时提问，切忌不懂装懂。

聊天不是讲单口相声，必须有互动。所以，在听别人说话的时候，当听到自己不懂的地方时，一定要勇敢地提问，千万不要碍于面子不懂装懂。要知道，你的提问不仅能够让对方感觉到你听得认真，对他所说的东西感兴趣，而且更重要的是，还能满足对方在谈话中被人认可的心理需求，对提升好感、拉近距离大有裨益。

高级交际技巧——听

　　情商高的人之所以更会说话，其实很重要的一点就是他们比其他人更会听。要知道，会听其实才是最高超的交际技巧。

　　人天生就善于隐藏真实想法，他们笑的时候未必就是真的开心，他们点头的时候未必就表示真的认同，他们生气的时候也未必就是真的不满意。所以，想要掌控一场谈话，我们就得学会透过现象看本质，真正了解对方话语背后的真实想法，体会对方表情背后的真实情绪。这样才能在与人交流时把话说到对方心坎里，并避免在谈话中会错意，触及禁区，引起对方的反感。

　　或许有人会问，如果对方不愿意透露自己真实的想法和情绪，我们又如何能得知他们口中的话哪句是真，哪句是假呢？其实，这一切并非无迹可寻。无论掩饰得多好，人们真实的想法和情绪往往都会从肢体、语言、表达以及表情等外在表现中反映出来，重要的是，你会不会听，会不会捕捉。

　　更何况，在大多数情况下，人们之所以不愿意直接表露自己的意愿，并不是真的想要去掩盖一些什么，只是不想让双方陷入尴尬而已。所以，他们往往会在言语中故意夹杂一些暗示，委婉地传递接受或拒绝的信息。

　　比如当一位男士邀请一位女士："下班之后一起吃饭怎么样？"

　　如果这位女士的回答是："我今天八点之后才能下班，也太晚了吧？"那么这位女士恐怕并不是很愿意答应这场约会。"太晚了吧？"——这听上去似乎是疑问，但实际上，它暗示的信息就是"太晚了，所以不想去"。所以，听到这样的回答，如果不想自讨没趣，那么男士最好还是取消这个约会的邀请。

　　而如果女士回答的是："我今天八点之后才能下班，应该不算太晚吧？"那么男士就可以开始为晚上的约会做准备了。"应该不算太晚吧？"——这也是个问句，但很显然，它暗示的信息却是非常积极的。这位女士想说的其实是"八点并不算晚，我们可以去约会"。所以，听到这样的回答，男士就可以直接把约会的餐厅定下来了。

　　语言的神奇和有趣之处皆在于此。将不同的意思，通过不同的方式表达出来，就暗含了截然不同的情绪和态度。懂得听的人，才能抓住关键信息，和对方"心有灵犀"；而不懂得听的人，则只能让谈话陷入尴尬，甚至爆发冲突。这就是为什么人们通常更愿意与情商高、懂得察言观色的人交朋友，而不太愿意与那些情商低、不懂看人脸色的人来往。毕竟，很多时候，即便你知道那些人并没有恶意，也很难心平气和地与他们进行一次愉快的交流。

先要会听，才能知道该怎么说。一个会听的人，哪怕惜字如金，也能让每字每句都发挥出最大效用。

刚到银行的时候，很多人都不看好陈菲菲，认为这个女孩过于文静了，平时也不爱说话，和我们印象中的那些口齿伶俐的销售员们完全不同。这样一个女孩子，怎么能做好推销理财基金的工作呢？但谁也没想到，就是这样一个惜字如金的文静女孩，不但胜任了这份工作，还成了银行的金牌理财基金推销员，并且业绩居高不下。

谈及自己的销售秘诀，陈菲菲表示，推销理财产品，关键并不在于让客户知道你推销的理财产品到底有多少人买过，能盈利多少，而在于要让客户认为，这款理财产品非常适合他，他很需要这款理财产品。而要做到这一点，推销员就必须知道客户在想什么、需要什么，以及他们所能承受的投资额度大概是多少。

陈菲菲说："在与客户沟通的过程中，为了更加了解客户的需求，我会在交谈中通过一些问题来测试客户的反应，比如我通常会先询问客户：'您考虑过××基金吗？这个基金的投资回报率大约是……投资下限为……'

"在询问这个问题的时候，我会仔细观察客户接下来讲话的重点是偏向哪个方向的。如果他不感兴趣，那么在之后的推荐中，我就不会再向他介绍同类型的理财产品。用这种方式，大约只需要几个问题，我就能确定客户大概对什么档次的产品感兴趣了。锁定好范围之后，就能很容易找到让客户心仪的产品，客户也会更有耐心听我介绍。"

陈菲菲是个非常有天赋的销售，懂得用巧妙的方式从客户身上搜集信息，从而有针对性地发起"攻势"，言简意赅地说服客户。这样的方式，比那些喜欢滔滔不绝卖弄口才的销售人员要聪明多了。而陈菲菲之所以能够做到这一点，还是在于她会听，并且能理解客户的需求和意愿。

可见，谈话这回事，不在于你说了多少，而在于你能不能通过听来搜集信息，抓住对方感兴趣的关键点，然后不动声色地打动对方。

聊天达人：90％的话都让对方说

会聊天的人一定不是话痨。我在书中曾经看过这样一段话："在毁灭的烈焰中，地狱恶魔发明的那些摧毁人际关系的狰狞计划里，最致命的无疑是滔滔不绝。它犹如毒蛇的汁液一般，腐蚀着人们的生命与耐性。"

每个人都有表达的欲望，这是根植于人心深处的特质。回想一下我们与别人聊天时的常用句式，你会发现，几乎每个人最常说的话都是："我认为……""我觉得……""我前几天……""我打算……"人天生就有表达欲，渴望展现自己、表达自己。既然想要展现和表达，那么观众就一定是少不了的。所以，事实上，相比一个舌灿莲花的谈话对象来说，一个善于倾听，并且乐于倾听的谈话对象往往更符合人们的期望。

滔滔不绝是交流和沟通中最忌讳的事情，很少有人能忍受那种毫无意义却又持续不断的"噪音"。所以，想要获得好人缘，就要养成少说多听的好习惯。从心理学方面来说，在聊天的过程中，说得多的那个人，状态往往比较放松。所以，聊天达人们都深谙一个道理：在聊天时，记得将90%的话都留给对方说。

原一平是日本有名的推销大师。在刚刚进入这个行业时，原一平是个典型的"话篓子"，只要话题一打开，就收不住。也正是因为这一特质，他才义无反顾地进入了销售行业。毕竟在大多数人的认知里，能说很多话貌似就叫作能说会道了，而推销员不正是靠能说会道吃饭的吗？

但真正进入这个行业之后，原一平才发现，一切并没有想象中那么简单。开始的那一段时间，不管原一平怎么努力，他的销售业绩始终不温不火，怎么也上不去，难免让人感觉有几分可怜。

原一平一直不知道自己的问题出在哪里，直到后来，他的一位心理师朋友给了他一些建议，让他在与客户交流时尽量做到少说多听。

这天早上，因为一些意外，上班险些迟到的原一平破天荒地叫了一辆出租车，坐车赶去公司。司机是个四十出头的中年人，微微有些发福。原一平和他搭话道："师傅，每天这么开车，一定很辛苦吧？"

司机答："确实，每天这么坐着，腰和腿都难受。"

原一平说："为了健康，得多注意休息。"

师傅答："生活所迫，不努力点怎么让家人过上好日子啊！"

原一平说："愿意和我说说您的家庭吗？"

师傅答："当然，这没什么不能说的。我有个非常可爱的女儿，上三年级了，成绩很好，年年拿奖状。每次一看到她，我就觉得浑身充满干劲，什么苦都能吃啦！还有我妻子，她是我见过的最好的女人，跟了我之后虽然没过过什么好日子，但一直把我和家人照顾得妥妥帖帖……"

一路上，原一平就这样和司机一问一答地聊了起来。每当司机声情并茂地陈述完一件事情之后，原一平又会不动声色地抛出"诱饵"，继续引导司机谈论自己的事情。

最后，在临下车时，师傅主动向原一平索要了一张名片，并对他说道："刚才听你说你是推销保险的？正好我想给妻子和女儿投个保，有时间的话能给我推荐几款适合的险种吗？"

就这样，原一平在坐出租车的短暂路途中顺利拿下了一张订单。

后来，原一平在连续拿下几个大单，成为有名的推销员之后，回忆起这件事时表示，那天他其实很想告诉司机，他也有个非常可爱的女儿，但他强忍住了想要畅所欲言的冲动，把说话的机会让给了司机。因为他忽然明白，自己的目的应该是推销保险，而不是发表滔滔不绝的演讲。

任何人都有表达的欲望，当这种欲望得到满足的时候，人们会从心底感到满足和愉悦。原一平正是因为清楚这一点，才一直压制住自己的表达欲望，扮演起了一个倾听者的角色。在这整个过程中，大部分话都是由司机来说的，原一平仅仅起到了一个引导的作用。

可见，一个令人满意的谈话对象，不一定就非得具备口若悬河的能力。真正的聊天达人懂得在适当的时候闭嘴，给对方表达的时间。也正因为如此，人们都喜欢与这样情商高又知情识趣的人聊天，毕竟比起别人的事，人们显然对谈论自己的事更感兴趣。

第三章

不要赢了道理，输了感情

讲道理，是向他人展示自己优秀逻辑思维的最佳方式。很多人会沉迷其中，当别人对他的话沉默不语的时候，便认为自己获得了胜利，征服了别人。其实，这种行为并不会让你赢得他人的钦佩，相反只能让你被他人厌恶。道理固然重要，但是能在保持自己立场的前提下收获他人的好感也很重要。

有些时候，要有甘当"绿叶"的胸襟

在人际交往中，人们常常容易陷入一个误区，以为要想获得好人缘，就得时时刻刻展现出自己的优秀和与众不同。但事实上，人与商品是不同的。买东西时，人人都希望买最好的，但交朋友的时候，大家都希望与朋友是平等的。

初入职场的张岚毕业于某著名科技院校，刚进单位就受到了领导的重视，不免有些飘飘然起来。

张岚单位的同事基本上都是四十多岁的中年人，虽然工作经验丰富，但在高科技领域却一窍不通，尤其是在使用电脑办公时，常常会遇到不少问题，而这些恰恰是张岚的强项。所以同事们一遇到电脑方面的问题，就会来请教张岚，还戏称他为"小专家"。

领导的重视和同事的夸奖让张岚逐渐变得自大起来，他觉得自己特别了不起，并开始变本加厉地卖弄自己的本事。

"哎呀！你怎么能这么用电脑呢？这样不对，看着看着，专家来教教你……"

"这种简单的小问题，我动动指头就能解决，看着……"

"你这么弄，明早都弄不完，不能这样……"

如此这般，张岚每天都在办公室对同事指手画脚，让大家越来越反感。不久之后，张岚就接到通知，被发配去了一个不受重视的部门，理由是他"无法融入集体，不能很好地配合同事工作"。张岚怎么也想不通，自己帮了大家这么多忙，怎么大家还会说自己不配合同事工作。

毋庸置疑，张岚有着不错的能力，也的确帮同事解决了很多电脑方面的问题。可他表现得太过张扬，处处都想做主角，压别人一头，这才引起了同事的反感。每个人都渴望成为主角，没有谁甘愿沦为别人的陪衬。如果你总是处处彰显自己，高调地炫耀自己的长处，那么就只能像张岚一样，被大家孤立和抛弃了。

一个优秀的人会得到他人的赞美，而一个过于高调的人只会引起他人的反感。每个人其实都活在自己的世界里，比起别人的事情，大家显然更关心自己的事情。这是人的天性，是不可违背的。

所以，成功人士在与人交往时，常常会很聪明地把自己放在"绿叶"的位置，将说话的舞台谦逊地让给别人，也正是因为如此，所以高情商的人往往都有很多关系不错的朋友。

卡耐基就是这样一个情商极高的人。

有一次，卡耐基结束自己的欧洲巡回演讲后，受一位朋友的邀请参加了一个桥牌晚会。卡耐基不会打桥牌，所以在大家兴致勃勃地打牌时，他便站在一旁观战。正巧，在场的一位女士也不会打桥牌，便和卡耐基闲聊起来。

女士得知卡耐基刚从欧洲回来之后，便兴奋地说道："天哪！这真是太棒了！我从很小的时候就一直想去欧洲看看，但直到现在都未能如愿。天哪，您快说一说，您都到了欧洲哪些地方？"

虽然女士这么说，但卡耐基并没有急着描述自己的旅程。他知道，这位女士才刚刚从阿根廷回来，而阿根廷草原的风景据说是非常壮美的。于是，卡耐基笑着说道："欧洲确实很有趣，值得一去。但我个人其实非常喜欢打猎，而欧洲适合打猎的地方并不多。我更向往可以骑马奔驰的大草原，那样的体验肯定令人难忘。"

一听这话，女士乐了："您说大草原啊，我其实刚从阿根廷的潘帕斯草原回来，那真是一个极其壮美的地方……"

接着，卡耐基便将话语权交给了这位女士，她开始激动万分地描述起自己的阿根廷之旅。卡耐基耐心地听着，不时点头微笑，并风趣地附和。晚会结束之后，这位女士意犹未尽地和卡耐基告别，并遗憾地说道："时间过得可真快，还有好多有趣的事情没说呢，期待与您下一次见面。"

几天之后，卡耐基从朋友那里得知，那位和自己聊天的女士在提起自己时是这样形容的："卡耐基先生可真是个博学而有趣的人，和他聊天特别有意思！"

　　然而事实上，那天晚上，卡耐基并没有说几句话，他只是很好地扮演了"绿叶"的角色，将舞台让给了那位女士，让她尽情地谈论自己喜欢的话题。

　　有些人之所以能在人际交往中无往而不利，并非因为他们拥有卓越的口才，而是因为他们深谙人性，懂得如何让别人在和他们聊天时体会到最大的乐趣和满足感。在与人交往时，他们懂得将对方而非自己放在第一位，拥有甘为"绿叶"的胸襟，让对方畅所欲言。就像卡耐基这样，没有展示自己的"辩才"，就赢得了别人的喜爱和夸赞。

　　想做"红花"是深藏在人性中十分隐蔽的部分，而甘当"绿叶"则难能可贵。与其想方设法地彰显自己的优秀，倒不如退后一步，把展示的舞台让给别人。既然每个人都渴望掌声，那么懂得鼓掌的那个人才是最受人们欢迎的人。

以柔克刚，示弱比强迫更有力量

岩石是坚硬的，流水是柔软的，但坚硬的岩石终究会被流水侵蚀。在生活中也是如此，柔软往往比坚硬更有力量，示弱通常比强迫更能打动人心。

通常来说，"吃软不吃硬"是人的天性。当你强硬地要求某人去做某件事的时候，往往会激起对方的逆反心理；但如果你稍稍展现出示弱的姿态，对方反而会不好意思拒人于千里之外。

在几何平面上，两点之间，线段最短；而在生活中，两点之间，直来直往却未必是捷径。当我们的力量不如别人，或暂时没有足够的筹码与对方相抗衡的时候，与其强硬对抗，不如先学会低头示弱，保全自己之后，再寻找更好的方式让自己成功突围。示弱不是懦弱，懂得以柔克刚才是大智慧。

在竞选美国总统期间，里根与对手蒙代尔展开了激烈的辩论。当时，自恃年轻力壮的蒙代尔态度强硬地对里根说："您的年龄已经很大了，精力难免不济，恐怕不太适合担此重任，不如将这个机会让给我们年轻人吧！"

蒙代尔的攻击实在太尖锐了，而且这确实是个敏感而棘手的问题。毕竟精力是否充沛这个问题本身就很难用语言来证实，况且里根的年纪也确实比蒙代尔大得多。

对此，里根并没有急着反驳，而是"示弱"地说道："的确如此，与蒙代尔相比，我年纪确实大了。但就我自己而言，我认为一位有教养的先生，是不该用这样的态度对一位长者说话的，更不会在竞选中攻击一位长者的年龄和精力。就像我，我从来不会拿一个人年轻、不成熟、不懂事之类的问题来挑衅。"

里根的这柄"软刀子"可比蒙代尔的"硬刀子"狠多了，不仅彰显了自己的足智多谋和大度，还委婉地抨击了蒙代尔的浅薄和狭隘。也难怪最终里根能一举战胜蒙代尔，登上总统之位。可见，有时候，示弱往往比强硬更有用。

别让冲动毁了情谊

冲动是魔鬼，总是会蒙蔽我们的眼睛，捂住我们的耳朵，让我们做出懊悔的事情。人与人之间的许多隔阂与误会皆是由冲动而引起的。人都是情绪化的，极易被情绪影响，失去思考的理智和正确的判断力。如果不能控制自己的情绪，人就容易被表象迷惑，进而在冲动之下做出无法挽回的事情。

人们之所以喜欢与高情商的人来往，关键在于，高情商的人能够很好地控制自己的情绪，不会在冲动之下做出不理智的事，说出无法挽回的话。

有这样一个故事。

小镇上有一个名叫乔治的年轻人，他一直很想要一辆属于自己的车。在对父亲软磨硬泡许久之后，父亲终于松口答应他，告诉他只要能顺利考上大学，就给他买一辆新车。

父亲提出的条件并不苛刻，已经上高中的乔治学习成绩一向不错，考上大学对他而言简直就是信手拈来的事，因此他很痛快地答应了父亲的条件，并开始全身心投入学习，力求能考上一所比较好的大学。

所有的付出都会迎来回报，乔治的努力自然也不会白费，他顺利拿到了一所非常不错的大学的录取通知书。

收到通知书的那天，乔治高兴地冲到了父亲面前，激动地催促父亲兑现当初的承诺。父亲也非常高兴，拿着儿子的通知书笑得嘴巴都合不拢。

"那么父亲，当初我们的约定呢？还记得吧？什么时候兑现呀？您可不要食言啊，我都已经顺利考上大学了……"乔治焦急地催促着父亲，他已经等不及想看看自己的新车了。

看着儿子焦急的样子，父亲爽朗地笑了起来，指着书房说道："好了，快去吧，给你的惊喜早就准备好了，就在你的书房里！"

听了父亲的话，乔治脸上闪过一丝狐疑。书房？小小的书房能装下一辆汽车？可自己确实没有听错，父亲是让自己去书房看惊喜。难道父亲是在逗弄自己吗？

乔治怀着一丝忐忑拉开了书房的门，里面根本不可能摆得下一辆车。正想着，乔治的目光突然落到了书桌上放着的一个盒子上，那是一个新款玩具车的盒子。乔治不可置信地瞪大了眼睛：难道这就是父亲送给自己的惊喜——一辆玩具车？

乔治气到头皮发麻，认为是父亲愚弄了自己，于是一怒之下，离家出走了。没想到的是，这一走便是整整十年。乔治阴差阳错地流落到了海外，几经周折，才终于在十年后回到了家乡。

这十年间，乔治一直都很挂念父母，也一直为自己当初的冲动感到后悔。而等他终于回到家时，才得知，原来父亲早已经在一年前去世了。乔治懊悔不已，和不知何时已白发苍苍的母亲相拥而泣。

晚上，母亲红着眼睛询问乔治，当初究竟为什么会离家出走。乔治哽咽着把当年的事情说了一遍，表示自己被父亲那个过分的玩笑气昏了头。只是没想到，这一去会发生这么多的事情，还阴差阳错流落到了海外……

听了乔治的话，母亲脸上闪过一丝复杂的神色，许久之后才苦涩地说道："不，孩子，你的父亲从来没有愚弄过你。他确实为你买了一辆新车，钥匙就放在你的书桌上，而那辆玩具车，是准备送给你侄子的生日礼物啊……"

一场误会，一次冲动，却让乔治付出了十年的光阴，以及"子欲养而亲不待"的遗憾。如果当初他能够控制自己的情绪，不在冲动之下做出离家出走这个让自己懊悔终身的决定，如今便不会有这么多的痛苦与遗憾了。

人与人之间的情谊，往往都是被冲动毁掉的。许多深仇大恨，最初可能只是一个很小的矛盾或冲突，却因为双方都陷入急躁的情绪，失去理智，一时冲动说出无可挽回的话，或做出无可挽回的决定，这才导致小矛盾、小冲突恶化，最终变成了再无回旋余地的深仇大恨。

所以，为了避免悲剧发生，为了不让冲动毁掉我们与他人之间的关系，无论何时，我们都应该牢记以下两点。

第一，不可揭人伤疤。

每个人的内心深处都有不可碰触的伤疤。不管在什么情况下，都不要攻击别人曾经的创伤，否则就算事情过去了，彼此之间的隔阂也无法消除。

第二，不要逞一时口舌之快。

拳头伤的是身体，话语伤的却是人心。千万别为了逞一时口舌之快而说出伤人的话，要知道，说出的话犹如泼出的水，是收不回来的。哪怕话语并非你心中真实的想法，也会给对方造成无法挽回的伤害。

恰到好处地示弱，才能更好地前进

想要让自己跳得更高，就得先蹲下身子蓄力；想要让自己跃得更远，就得先后退几步助跑。与人交往其实也是一样的，有时恰到好处地示弱，才能让我们更好地前进。

有一位很有名的哲学家，有一次被人问了这样一个问题："您认为天与地之间的距离是多少呢？"

他的回答是："三尺。"

这个答案显然不能让提问的人满意，这个人笑着说道："您在说笑吗？我们大部分人的身高都有五尺左右，要是天与地之间只有三尺的距离，那我们岂不是早把天给戳破了？"

哲学家却笑着说："所以，但凡是超过三尺高的人，想要在天地之间立足，都得先学会低头才行。"

人生在世，最难的不是争强，而是示弱。在现实生活中，每个人都想做强者，都想被别人高看一眼，谁都不愿意把软弱的一面展露在别人面前。正因为如此，所以人们总是为了一点儿小事发生许多无谓的争吵，甚至造成无法挽回的悲剧。

但事实上，示弱并不意味着软弱和怯懦；相反，那些懂得示弱，并且敢于示弱的人，往往才是真正的强者。人生在世，不可能事事都顺遂如意，难免会遇到过不去的坎儿和无法战胜的敌人。这种时候，如果还不能认清现实，一味争强好胜，那么无异于以卵击石，除了毁灭自己之外毫无意义。

昔日韩信受胯下之辱，才有了日后的飞黄腾达、建功立业。试想，若是当时他为了面子，不肯低头示弱，那恐怕早就白白丢了性命，又何来日后的辉煌呢？示弱是一种高级智慧，是一种豁达。真正的强大不是流于表面的形貌，而是灵魂深处的坚韧与通透。

恐怕没有人不认识本杰明·富兰克林吧！他堪称十八世纪最伟大的科学家以及发明家，此外，他还是著名的文学家、哲学家、政治家以及美国独立战争的领袖之一。在一连串令人惊讶的头衔背后，富兰克林为全人类做出的贡献多不胜数。

富兰克林虽然有着这样光辉的履历，但却是个极其低调并且谦逊的人，没有因为自己的成就而沾沾自喜。也正是这份低调与谦逊，让富兰克林无论取得多大的成就都能始终保持一颗平常心。

其实，富兰克林的平常心得益于他年轻的时候发生的一件事。有一次，他去拜访一位老师，没想到，刚要进门，就猛地撞到了门框上，额头肿起一片。揉着疼痛的伤处，富兰克林才注意到，这位老师家的门框，比一般人家里的矮，难怪会让人一头撞上去。

就在富兰克林暗骂设计门框的人时，他要拜访的那位老师迎了出来，看着富兰克林狼狈的样子，老师突然笑了起来，问他说："怎样？是不是非常疼？但你该庆幸，因为这绝对是你今天到这里得到的最大收获了！"

富兰克林迷惑地看向老师，有些摸不着头脑，不懂老师这话是什么意思。

老师微笑着继续说道："门框就在那里，你无法让它升高，就只能学会自己弯腰，否则只能把自己撞得头破血流。"

这一次的事情让富兰克林终生难忘，他牢牢记住了老师所说的话。在日后的人生境遇中，无论何时都记得要"弯腰"和"低头"。也正因为如此，他才能不断提升自我，并且获得许多人的爱戴与崇拜。

我曾听老人说过："低头的是稻穗，昂首的是稗子。"成熟饱满的稻穗，越是充实，头便会垂得越低；而那些稗子，恰是因为只有一个空空如也的躯壳，才会高昂着同样空无一物的头。人也是一样的，那些总是不肯示弱，无论何时都讲究派头的人，很多时候正是因为缺乏底气和内涵才要如此强撑面子；而那些真正自信而内心丰满的人，是从来不会介意在适当的时候低头示弱的，因为他们明白，示弱并不等于怯懦，懂得审时度势，才是真正的智慧。

　　挑过重物的人都知道，只有弯下腰，才能长久地负重而行；若总是站得笔直，则很可能会因为无法承受肩头的重量而受伤。人该有风骨，却不能不懂变通，真正的大丈夫更应懂得审时度势，做到能屈能伸。忍辱才能负重，学会恰到好处地示弱，才能更好地前行。

聊天不是辩论，没有输赢之分

很多不会聊天的人都有一个通病——总想在语言上占据上风，让别人认同自己的观点和想法。但事实上，这个世界上的很多事情都不是非此即彼的。每个人都有各自不同的想法，这些想法并不能简单地用对错来评判。

更重要的是，聊天不是辩论，不一定非得争出个对错，判出个输赢。我们和别人聊天，为的是拉近彼此的距离，搭建情谊的桥梁，而不是为了把对方辩驳得哑口无言。口头上的争论也许能让你占得上风，却也可能让你输掉感情。

这里我还是想讲一个关于富兰克林的故事。作为美国著名的政治家和科学家，富兰克林从年轻时候开始，就一直非常优秀，是同龄人中的佼佼者。

那时候的富兰克林非常正直也非常热血，常常会因为一些事情和别人展开激烈的争论。比如在聊天时，如果对方提出了某个主张，而富兰克林对此不甚赞同，那么他一定会激动地和对方展开辩论。而几乎每一次，富兰克林都会把对方辩驳得哑口无言，赢得最后的胜利。虽然人们对富兰克林的口才和渊博的知识赞叹不已，但真正喜欢他，愿意和他来往的人却少之又少。

富兰克林一直不明白，为什么自己人缘这样差。直到有一次，一位非常关心富兰克林的朋友开诚布公地劝告他道："本杰明，有时候你真的太较真了，你总是喜欢咄咄逼人地和别人争论，非得把对方说得哑口无言才罢休。是的，你确实非常聪明，也非常优秀，但并不是所有事情都需要争论出对错胜负的。你这样只会让你的朋友们离你越来越远，毕竟，谁也不喜欢总是被人反驳和教训啊！"

听了这番话之后，富兰克林深受触动，他反省了自己平日里的一言一行，并暗暗告诫自己，一定要改掉这个坏毛病，再也不能为了争强好胜而伤害别人的感情。

在这之后，富兰克林果然有了很大改变，当从别人口中再听到一些他不认可的观点时，他不会再咄咄逼人地争论了，而是先肯定对方的一些想法，再提出自己的想法。令人意外的是，当富兰克林这样做之后，人们反而更容易接受他的意见并且更愿意和他交流，向他请教问题了。

在某些原则性或专业性的问题上，人应该坚持自己的信念和想法。但如果只是一些无关紧要的事，就没必要非得和别人较真。

聊天不是辩论，逞口舌之快或许能让你占尽上风，却无法让你赢得他人的友谊与好感。

陈璐有一次在朋友的聚会上认识了高大帅气的李阳，对他颇有好感。

李阳是个自强不息的"高富帅"，不仅家里条件很好，还有一份体面的职业——律师。但奇怪的是，李阳在感情方面一直都不太顺，没有任何一段恋爱关系能维持一年以上，而且听说几乎每次都是女方主动提出分手的。

一开始，陈璐还挺想不通的，像李阳这么优秀的男人，怎么可能遇不到可以一起走下去的人呢？经过几次深入的了解和交流之后，她很快就发现了问题。

陈璐发现，李阳是个特别喜欢和人抬杠的人，就连随意聊天的时候，都不忘记在语言上占上风，彰显自己的"博学"和"有品位"。

就说上次，陈璐和李阳聊天时，说起自己喜欢看韩剧，李阳立刻就开始指出韩剧的诸多问题；陈璐说起自己喜欢看漫画，李阳就开始说看漫画幼稚、不成熟；陈璐说起自己喜欢看爱情喜剧电影，李阳就开始批判说这种类型的电影通常缺乏深度和思想……

聊了几次之后，陈璐默默删掉了李阳的联系方式。她算是明白李阳为什么不能维持一段长久的恋爱关系了……

很多时候，我们和别人聊天，最主要的目的是能够与对方拉近距离，提升彼此的好感度，而不是为了卖弄自己的学识和口才。没有任何人会喜欢不停地被反驳和批评。如果你像李阳这样喜欢随时随地和人展开辩论，那么请你去参加辩论赛，不要将与人相处变成了竞赛，这样就算你再优秀都不会赢得别人的好感。

聊天不是辩论，如果你总是用争论和反驳的方式去和别人交谈，那么在这场谈话中，哪怕你妙语连珠，将对方辩驳得哑口无言，也不会成为真正的胜利者，因为你永远也无法获得对方的好感。所以，无论什么时候，开口说话之前，都应该好好想一想，你说这些话，究竟是为了赢得道理，还是赢得感情。

正视自己的错误，坦然面对自己

人都有说错话、做错事的时候，犯错误不要紧，重要的是能勇敢承认自己的错误，别因为一时的好胜心就死不认错，最终得罪所有人。

从小父母就会教导孩子做错事情后要勇于认错，但在现实生活中人们却容易越活越回去——年纪越大、身份地位越高，认错就变得越难。因为很多人觉得，认错是件丢面子的事情，尤其是向身份、地位不如自己的人认错，那就更没面子了。因此很多时候，人们即便明知自己犯了明显的错误，也要死磕到底，拒不承认。殊不知，这种行为非但不能保持你的尊严，反而会降低别人对你的好感度。

丹诺是跨国纸媒的前主编，但凡认识他的人都非常尊敬他，认为他是一位非常有教养并且情商很高的绅士。

对自己的工作，丹诺向来是非常认真的。他有一个习惯，就是在审稿的时候，会用红笔将自己最喜欢的语句和段落勾出来，这样排版人员一看就会知道，主编非常喜欢这段话。

有一次，一个新来的排版员在进行排版时，注意到主编丹诺标记出来的一段话，这段话是这样说的："本报的热心读者雷维特先生赠送给了报社一个非常漂亮的红苹果。在这个红苹果上，有一排黄色的字——我们主笔的名字。这实在太神奇了，简直就是人工栽培的奇迹啊！他究竟是如何将这些字弄到这个光滑完整的苹果上的呢？这实在太令人惊叹了！我们经过多番猜测，却始终没有找到答案。"

看到这段文字，年轻的排版员笑了起来：想在苹果上弄上些字并不是什么难事，只要在苹果还未成熟的时候，用纸把想弄上去的字剪出来，再贴到苹果上就行了。这样一来，被纸盖住的地方接受不到光照，自然就会呈现出和其他地方不一样的颜色。等到苹果成熟之后，再把纸揭下来，就会变成有字的神奇苹果了。这种小把戏很多人都知道。

年轻的排版员想了想，便自作主张地将这段文字删除了。他知道，如果报社真的将这段文字刊登出来，那么必然会招致相关专家和读者们的嘲笑，甚至影响到公司的声誉，让读者质疑报道的权威性。

第二天一大早，丹诺在发现自己特意标注出来的文字居然被删除之后，怒气冲冲地把那位排版员叫了过来，愤怒地冲他嚷道：

"嘿，先生！我昨天特意用红笔勾出来的关于'奇异苹果'文章中的那段文字呢？你把它弄丢了吗？谁允许你这样做的？"

看到丹诺怒气冲冲的样子，年轻的排版员顿时慌了神，语无伦次地解释起自己这样做的缘由。虽然这个年轻人认为自己做得没错，但心里还是有些发虚，生怕主编一怒之下辞退自己。

可令人意外的是，在年轻人解释完之后，丹诺却平静了下来，沉思片刻后诚恳地对这名年轻的排版员说道："原来如此，真是太抱歉了，先生！我真是鲁莽，没搞清楚事情的缘由就冲你发火。这件事你做得非常正确，以后再发生类似的事情，也希望你能继续这样做，我对你表示由衷的感谢。"

在发现自己在冲动之下不明就里地训斥了排版员之后，丹诺勇敢地坦承了自己的错误，而这不仅没有让他受到众人的嘲笑，反而使大家更加尊重他了。

人们之所以难以面对自己的错误，其实还是"面子心理"在作祟。但谁都知道，犯错就是犯错，并不会因为你死不认错，错误就不存在。与其欲盖弥彰，倒不如大方坦承，谁还没有失误的时候呢？

承认自己的错误实际上并没有想象中那么难，有两点是需要我们牢牢记住的。

第一，放下好胜心，正视自己的错误。

我们犯了错时，一定要正视自己的错误，不要含糊其词地试图蒙混过去。从心底端正自己的态度，正视错误并不意味着你向对方低头认输，而是对自己行为和语言的一种负责的表现。

第二，意识到错误后，认真道歉。

每个人都应该为自己的言行负责，这不仅是对别人的尊重，也是对自己的尊重。在犯错之后，如果当下的场合不适合道歉，那么不妨私下向对方坦承错误。要知道，勇于认错并不是一件丢面子的事，相反，一个敢于为了自己的错误道歉的人，更容易赢得他人的尊重和信任。

第四章

互相尊重，交流才能更顺畅

在谈话的过程中，每个人都有自己的立场，这些立场决定了这个人将要说的话。想要说服对方，让对方认同你的观点和行为，那么就必须知道对方正在想什么，想要的是什么。换位思考是了解对方的最佳方法。当你站在对方的位置上，你最想听到的话是什么？

沟通中，谈合作比讲道理更有用

人与人从陌生到熟识，最重要的就是沟通。沟通能够让其他人不断了解我们，也能够让我们不断了解别人。正是有了沟通，人们才能在一件事情上达成共识，才能达成合作的关系。沟通是人与人交流最基本的方式，也是最有用的方式。我们需要沟通，与我们的朋友，与我们的生意伙伴，与我们的家人，甚至是与陌生人。

沟通有多种多样的方式，好的沟通方式能提高你的沟通效率，毕竟时间宝贵，我们不可能有充足的时间去面对每个人。高效沟通能够让你在有限的几次见面中与对方达成共识，并取得对方的信任，进而发展更加稳固的关系。而低效沟通只会浪费你的时间，让双方抽出时间进行的沟通毫无作用。所以，我们要不断改进沟通方式，提高沟通效率，才能减少时间的浪费，真正把握住难得的机会。

那么，什么样的沟通方式才是高效的呢？

按照我们接受的教育，讲道理是符合普世价值的沟通方式。毕竟，若是没有道理，那一切说法就都站不住脚。而想要让对方对你心悦诚服，用道理说服对方也是最为稳妥的方式。但是从效率上来说，这其实是一种比较低端的方式。

我们要讲道理，那么道理是从哪里来的呢？每个人都有属于自己的道理，这种道理来自我们的人生观、价值观、世界观，甚至是历史观。正是这些观念，组成了一个人全部的思想，也成了道理的根基。想要用你的道理去说服别人，就等于去改变对方部分，甚至是全部的观念。这是一件非常困难的事情，极少有人能够在短短几次见面中就改变对方在人生几十年来形成的思想，绝大多数人要做到这件事情，需要花费大量的时间和口舌。我们之所以不推荐讲道理这种方式，是因为即便这件事情是可以做到的，也是性价比较低的一件事，而且收益也不稳定。

我们所推崇的沟通方式，是谈合作。

合作究竟有着怎样的魅力呢？我们来看个例子。

小燕一直想要成为一名出色的糕点师，她的梦想是将来开属于自己的糕点店，并且将其变成遍及全国的连锁店。如今，她已经拥有了自己的店铺，而白手起家的她获得的第一桶金，就是靠合作得来的。

当时小燕在一家当地颇有名气的私人糕点店做学徒。这家糕点店的商品非常传统，老板的手艺也非常精湛，而精湛的技术正是小燕所缺少的。在一段时间的学习以后，小燕将她学到的技术融入网络上正流行的甜品中，制作出了几样全新的甜品。小燕对于自己的甜品信心满满，但是此时她并没有开店的资本，所以她想要在做学徒的那家私房糕点店里售卖自己的创意甜品。

　　然而，她的想法遭到了老板的反对，因为老板认为他的店铺是以出售传统糕点为主的，若小燕的作品进入他的店里，会非常不和谐。小燕尝试说服老板——传统糕点虽然仍有市场，但是新兴糕点的出现已经是大势所趋，越来越多的年轻人更愿意尝试新的东西。但老板对于小燕的说法嗤之以鼻，始终不肯同意。就在这次沟通即将失败的时候，小燕灵机一动，对老板说，店里还有一块闲置的空间，如果允许她摆放一个柜台，那么她愿意付租金。老板觉得这样的话还可以接受，考虑了一下，便同意了。

　　事实证明，小燕的想法是正确的，她的新产品获得了年轻群体的认可，在口口相传之下，很快就积累了一部分忠实客户。老板也对这次合作非常满意，因为那些年轻人在购买小燕的糕点时，往往还会带上几样店里其他的东西。几个月以后，小燕再次与老板谈判，她的柜台为店里带来了大量人气，也拉动了店里传统糕点的销量，她不想继续交租金了。老板这次爽快地同意了。就是凭借着与老板的这次合作，小燕很快就赚得了自己店铺的本钱。

　　合作，并非将利益拱手让人。任何一次合作都是建立在双赢之上的，双方都有收获，这样才算得上是真正的合作。如果想要让沟通达到高效，那么就必须在短时间内拿出吸引对方注意力的东西，拿出足够打动对方的条件进行交换。

我们在人际交往的过程中，如果对方是能够长期来往的人，不妨讲讲道理，只要道理能够说通，那么就可以一劳永逸。如果时间并不那么充足，或者是非常需要抓住的机会，那么拿出你合作的诚意，并提出诱人的条件，这样能更好地进行沟通并达成你的目的。

平等是交流的前提

交流是必须建立在平等这个前提之下的。任何脱离了平等的交流，都不是真正的交流，因此也不会取得交流应该得到的效果，有些时候甚至还会让你损失更多。

张建生活在一个小城市，除了离开了几年去大学所在的城市外，没有在其他城市生活过。大学毕业以后，他回到自己的家乡，成立了一家公司。他公司的主要产品，是他自己研制的一种电子锁。由于产品过硬的质量，他的公司很快就开始扩大规模，他也将自己的商品销售到了其他城市。

张建来到了他认为较有合作、发展机会的城市，联系了几家比较有实力的经销商。在交流的过程中，张建将自己的身段放得很低。他认为自己不过是一家小公司的老板，而对方是掌握着很多渠道的大经销商，自己有求于人，应该放低姿态。但他没有想到的是，自己的低姿态在交际中却让自己吃了大亏。

在交谈中，对方询问张建的电子锁是以怎样的价格出售的。张建毫无防备地报出了自己的成本价，并且还表示，自己初来乍到，认为应该加价五十再进行销售，这样比较合理……他的低姿态逐渐让对方起了轻视之心。于是，几位经销商在经过商讨以后，一致建议张建将这款电子锁以成本价进行销售，以便在前期打开市场。双方签下了一个季度的合同。这笔生意对于张建来说明显是亏损的，但是他认为，自己已经如此尊重对方了，对方应该不会害他，就安心地签了合同。

一个星期过后，张建越想越不对劲，因为他发现在市面上，这款产品的售价竟然比他卖给经销商的价格高了两倍有余。

张建眼见血本无归，索性来到另外一个城市从头开始。他吃一堑长一智，在新的城市采用了非常平等的方式与对方交流、谈判，最后他直接报出了自己产品的批发价，对方也欣然接受。在签下合同以后，对方告诉张建，以产品的质量而言，他给的批发价在当地来说已经很便宜了，相信打开市场并不困难。

低声下气不是很好的交流方式。无事献殷勤，无明确理由的低姿态往往代表着你还有很大的让步空间，因为你有求于人。在没有得知对方要求的情况下，每个人都会对首先放低姿态的人生出戒心，生怕自己一不小心就会将自己做不到的事情应下来。另外，低声下气也代表着一种不自信和不成熟。绝大多数人的自信是建立在自身实力的基础上的，自信就是实力的最佳映射，有实力就有自信。在交流中，如果你低声下气，表现得不够自信，对方就会先入为主地认为你没有实力。在接下来的交流过程中，自然会提出很多过分的要求，逼着你一点点做出让步。

　　盛气凌人的人也必然不能与人进行长期合作。绝大多数人对于盛气凌人的人都没有什么好感。特别是在交流中，说话盛气凌人无异于亲手斩断交流的桥梁。每个人都是有尊严的，或许有人能够因为某些利益而暂时放下自己的尊严，但这绝对不会发生在双方尚未开始谈合作的时候。盛气凌人代表着情商不高，交流的目的是达成合作，或者是在某些方面达成共识，那么如果你姿态摆得过于高，就会让对方看低你的情商，认为你不能成为好的合作伙伴。

　　愉快交流的前提是平等，没有平等就不会有真正的交流。一方盛气凌人，一方唯唯诺诺，双方不管是在态度上还是意见上都不可能达成统一，那么也就无法在这场交流中谈妥自己想要的东西。如果不能各取所需，这次的交流就变得毫无意义。

　　平等的交流能够增添双方的信心。每个人都渴望与自己交流的人是温柔、和蔼的，只有与这样的人进行合作，才能使谈判更加顺利，能够让双方都得到成长与进步。平等的交流是双方彼此信任的基石，只有双方能站在平等的立场上开诚布公才是最有效率的选择。如果双方不能平等，那么任何开诚布公都会被对方怀疑或利用，最后导致双方都不能相信对方所说的话，这样的交流是完全失败的。

　　所以，平等是一切交流的前提，任何不平等的交流都不是真正的交流。想要在交流的过程中找到合作伙伴，获得更多的利益，或者是找到能够让自己更上一层楼的机会，就要将平等当作交流的基石。

别因为小摩擦就大吵大闹

只要有人的地方，人际摩擦就在所难免。一个懂得尊重他人的人，能够轻松处理人际摩擦，他会用"对不起""不好意思""给您添麻烦了"及时地表达自己无心争吵的意思，把激烈冲突发生的可能性降到最低。而一个目中无人的人，连一句道歉的话都不愿意说，很可能会把原本不值一提的小摩擦变成大吵大闹。

董嫂租住的公寓有着很严格的管理规定，比如不能饲养大型烈性犬，不能在楼道里堆放私人物品，不能在休息时间进行装修施工，等等。一旦有居民做出违反管理规定的事，其他业主可以向物业进行举报和投诉，物业管理公司会派出专人前去协商解决。

对董嫂来说，这是件好事。她孤身一人在外，如果正常生活被某些邻居不文明的行为影响，她还真不敢单独找人家去说。有了物业从中调解，很多事就不用她自己出面解决了，免去了尴尬。

但让董嫂没想到的是，她竟然也被投诉了，理由是她常把拖鞋放在门口的地垫上，不拿进自己的房子。董嫚知道公寓管理规定中不允许住户把私人物品堆放在楼道内，但她没想到一双拖鞋放在门口能对其他邻居造成什么损害，这跟一般意义上的"堆放"也完全不是同一回事。

她向物业工作人员解释了自己的想法，并请求工作人员提供投诉人的信息。她想，会因为拖鞋问题投诉自己的，也就是对门的住户了。既然是邻居，有什么话当面说就好，还向物业投诉，真让她有点别扭。

物业人员实地察看了董嫚家门口的情况，一张卡通造型的地垫，上面放着一双人字拖。由于董嫚住的房子在楼道尽头，也不会有其他人途经，不可能影响通行。经过讨论，物业人员觉得董嫚的说法有道理，管理制度虽严，但不能不近人情，最后这件事就以保持原状作为处理结果，投诉的邻居那边由物业负责说明情况。

过了两天，董嫚又接到物业的电话，跟她商量还是把拖鞋拿进屋里去，因为邻居又投诉了，说这严重影响了邻居的正常生活，必须立刻收起来，否则对方就要帮她处理掉。这真是让好脾气的董嫚哭笑不得，虽然将拖鞋拿进屋对她来说并不费劲，但是有种被胁迫的感觉。她思索再三，决定主动去对门问问情况，看这里面是不是有什么误会。

敲开对门邻居的家门，开门的是一个瘦小的老太太。她打开一条门缝，问董嫚："你是谁？有什么事情？"董嫚迎着她满怀敌意的眼神，微笑着说："大妈您好，我是住在对门的邻居，您叫我小董就行。是这样，我接到物业电话，说我把拖鞋放在门口影响了您的生活，惹您生气了，我这不是来给您道歉了么。"

听董嫂这么说，对方一下就明白了，但仍旧没有把门打开，从门缝处对她说："你们年轻人追求时尚不要紧，但千万别带坏小孩子呀！你应该知道，小孩子穿人字拖会影响脚部发育。可是，自从我孙女看到你放在门前的那双人字拖后，就闹着也要买一双。你体恤一下我教育孙女的辛苦，赶紧把人字拖收进屋里吧。你可能不知道，为了不给我孙女买人字拖，我给她讲了很多道理。如果你还不把人字拖收走，我这番教育的心血可就白费了。"

听了老太太的陈述，董嫂歉疚地说："我收，我这就收。我们小年轻不懂事，您千万别往心里去。给您添麻烦了，实在是对不住，您莫怪罪！"老太太看董嫂答应了，有些意外，紧绷的表情终于放松下来，敌意没了，还向她连说谢谢，然后关上了门。董嫂转身走到家门口，拎起自己的人字拖，笑嘻嘻地回了屋，这事就算圆满解决了。

面对莫名其妙的投诉，董嫂可以有很多应对的选择：继续坚持把拖鞋放在门口，事理上完全说得通，在物业的支持下据理力争的话，跟对方大吵一架，也不是全无获胜的可能，尽管以后邻居就成了仇人，她可以关上门不在乎；虽然收起拖鞋，但是跟对方讲理，心中的不爽一定要发泄出来，就算是吵上一架，也要让对方知道自己不是好欺负的，做出让步是自己的素质高，可不是怕了谁；或者把自己的拖鞋收进屋，一声不响地关起门来生闷气。

但是董嫚选择了不逃避也不发怒，她笑着敲开了邻居的家门，笑着听完了邻居的理由，又笑着收起了自己的拖鞋。事情解决了，她的让步做得心安，不觉得吃了多大亏，也没有憋着什么负面情绪，可以说这件事根本就没有破坏她的好心情。远亲不如近邻，以和为贵的道理我们都懂。不理智的愤怒只会让你四处树敌，最后把"战火"烧到家门口。

人际摩擦在所难免，面对矛盾，建议你采取以下策略。

第一，不愤怒。

生气解决不了任何事，发怒不是处理问题应有的态度，有什么话都要和风细雨地说，带着敌意只会把事情搞砸。

第二，不逃避。

矛盾就在那里，你假装没看见它，它也不会自动消失。如果心里不服，忍气吞声只会让你更难受；如果对方找上门来，你却一声不吭，冷漠的态度更容易激化矛盾。

第三，学会使用致谢或道歉的语句。

致谢或道歉，你一开始可能会有些不好意思，会觉得尴尬，但只要多加练习，这些简单的语言就能将你变成更好、更快乐的人。

说话的首要目标——让对方听懂

　　说话，本身是一件非常简单的事情。每个健全的人都会说话，这是嘴巴最重要的功能之一。但是，说话如今被人们赋予了越来越重要的含义，说话这件事情中也掺杂了许多目的性，这就让说话这件事情变得复杂了起来。太过复杂的想法，让很多人忘记了说话本来的意义。说话本来的意义是让对方明白你的想法，与对方交换思想、意见，而你首先要做的，是让对方听懂你说的话。

　　很多时候，讲话其实主要是为了让对方更好地了解我们。但是有的人完全不顾对方能否听懂自己所说的话，话里话外添加了很多不必要的内容，这样就彻底失去了交流的意义。

　　陈祥是一家大型家电商城的销售员。他为了做好自己的工作，翻看了大量资料，成了店里有名的"电器通"。对自己负责销售的每款家电，他都能如数家珍地讲出这款家电使用了什么样的硬件，用了怎样的技术，与同类产品相比有什么优缺点。但令他苦恼的是，他的销售业绩一直不好。为了改变这种情况，他决定向其他业绩较好的同事取取经。一天，他接待了一位女士。这位女士想要给家里更换一台新的电视机，于是就向陈祥咨询自己看中的那款电视机好不好，有没有性价比更高的产品。

陈祥是这样为这位女士介绍的："这位女士，您可真有眼光，您看中的这款电视是当下最流行的智能电视，只要连接家里的Wi-Fi，就能够使用Android（安卓）系统下载大量应用软件，收看您所喜欢的节目。并且，这款电视支持最新的HDMI、USB传输，以及DLNA（数字生活网络联盟）技术，能够满足您的各种需求。特别是这块屏幕，采用了2048×1080的分辨率，一定能保证您的观看体验。"那位女士听完了陈祥的话后，一脸疑惑地走向了陈祥的一位同事。

面对一款价格、配置都差不多的电视，陈祥的同事是这样为这位女士介绍的："您看中的这款电视是今年的最新款，当下最流行的智能电视，只要连上家里的无线网，想看什么都能看到，和手机差不多是一样的。还可以播放U盘里下载好的影视资源，以及用手机软件投屏，在手机上播放电视剧，点一下'TV'按钮，就能在电视上看了。并且，这款电视的分辨率很高，保证您观看到的画面清晰细致。"听完陈祥同事的话，该女士当即就决定买下电视。

那么，陈祥的问题出在哪里呢？显然不是因为他不够专业，相反，他太过专业了，导致说出的专业词汇对方听不懂。面对这种情况，他说的话越专业，越让消费者产生疑惑。

那么，我们要如何才能让对方听懂我们所表达的意思呢？

第一，讲话要有主题。

一般情况下，我们讲话都是有目的性的，漫无目的地讲话，只能让对方一头雾水。如果你要说的内容很多，那么就必须掌握好谈话的节奏，有主题地说出主要内容。比如将大段话分成几个小段，每个小段围绕一个中心思想阐述，并且中间要有停顿，给对方思考和互动的时间。一旦你掌握了这种谈话的技巧，那么你的长篇大论不仅不会显得无聊，反而会引起对方的兴趣，让对方听得津津有味。

第二，在谈话过程中使用的语句要仔细斟酌。

在我们谈论自己所了解的事情时，总是会理所当然地认为对方也了解我们所说的事情，所以会自然而然地说出很多专业性的名词。事实上，即便是你认为非常基础的东西，对这一方面无丝毫了解的对方也可能听得云里雾里。所以，在谈论一些比较专业的话题时，不妨将一些专业性的词用大家都能懂的词语替换。因为很多时候不需要专业，只需要让对方能够听懂就可以了。就如同陈祥的同事一样，不妨把播放 USB 设备内的内容改成播放 U 盘里的内容，这样更贴近生活，也更加容易让对方明白你想要表达的内容。

第三，交流方式要因人而异。

虽然有些话并不适合说得过于直白，但是如果你委婉地表达以后，对方仍然不明白，那么不妨说得稍微直接一点儿。如果始终采用非常委婉的方式表达，对方还是不能明白，甚至有时候，对方因为不想让你认为自己听不懂你说的话，开始不懂装懂，那么谈话就失去了意义，双方都不会有任何收获。

说话是一件非常简单的事情，但是想要达成说话的目的却不是一件容易的事情。不管你想要通过说话达成什么样的目的，都要记住：说话的最基本的目标就是让对方听懂。如果对方听不懂你说的话，那么再优美、再专业的表达都毫无意义。

第五章

如果不想回答，反问是最好的回答

　　谈话不是一个人的事情，任何一场谈话都需要两个或两个以上的参与者。但是，你说的话有时候并不是其他人想要说起的话题，反之亦然。那么，当你不想谈论对方抛出的话题，或不想回答对方说出的问题，又不想让自己看起来很没有礼貌时，要怎么做呢？

有策略地回应别人的问题

　　积极回应别人说的话，是交谈时的最佳反应，因为这代表你在专心致志地听对方讲话。这是一种尊重，也是一种非常礼貌的行为。但实际上，有些话并不适合马上就给出最直接的回应，特别是不经过思索的回应。

　　情商高、八面玲珑一直是大学生吴强想要拥有的能力，同时也是他努力的方向。抱着这种想法，他在为人处世这件事情上花费了许多心思。并且很快，他的努力得到了回报，不管是教授还是同学，他都能与之保持良好的关系，同时也收获了不错的人缘。但不可能凡事都是一帆风顺的，在某次上课的时候，他就让一位教授不高兴了。

　　新学期开设了新课程，吴强本打算通过自己学到的交际方法与这位教授拉近关系，给教授留下一个积极好学的印象。于是，在课堂上，他积极配合教授说出的每一句话。有一次，这位教授抛出了一个问题，询问大家是否对此有所了解，吴强马上举手，表示自己了解。于是，这位教授马上叫吴强回答一下这个问题。可是吴强只是习惯性地做出反应，他对教授提出的这个问题其实并不了解，站起来支支吾吾了半天，最后只好满面通红地坐下了。从此以后，吴强便在这位治学严谨的教授心里留下了不太好的印象。

回应分为很多种，当对方提出一个问题的时候，你可能想要直接回答，或者去附和对方的某个观点。这样做大多数时候都是没错的，但有时候会让别人觉得你敷衍了事。因此，给出反应之前三思而后行是非常有必要的。

这个时候，有些人可能就有些不明白了，三思而后行又要如何马上给出回应呢？回应的方式多种多样，第一时间给出回应，是为了表示你在认真听对方讲话，而不是要你针对对方所说的话、提出的问题马上给出一个答案。疑惑是一种回应方式，思索也是一种回应方式，甚至反对也是一种回应方式。一味地附和并不是明智之举，这会显得你缺少思考能力，只会机械地附和，根本没有认真地去想问题。用现在流行的话来说就是——你根本没走心。

怎样的回应才算是走心的呢？用多种多样的方式回应才是真正走心的。还是那句话，想要表现出你的礼貌，只要第一时间做出回应就好，怎样的回应并不重要。但是，在一次谈话中，如果你能够用疑惑、附和、思索、反对等不同的方式做出回应，那么对方会认为，你在听对方说话的过程中不仅认真听了，而且动脑想了。简单来说，就是走心了。这才是听对方讲话时最认真的表现，也是最礼貌的行为。

或许有人不能认同上述观点，认为自己都提出反对意见了，对方又怎么会高兴呢？这个世界上有两片完全相同的树叶吗？如果你对植物学有一定的了解，就一定会知道，这个世界上不存在完全相同的两片树叶。同理，在这个世界上也没有两个完全相同的人。即便是你遇到了人生中的知音，你们也不可能对所有问题的看法都一样，有不同的看法是非常正常的现象。任何一次谈话，所涉及的话题往往天南地北、包罗万象，你能跟对方完全站在同一立场的概率其实很小。如果你在与人谈话的过程中，发现对方无条件地附和你的所有说法，那么这个人必然是在用附和的方式讨好你。

有策略地回应别人是人际交往中至关重要的部分。反对也好，迎合也罢，既要表现得你认真地听别人讲话了，也要体现出你的想法和思路，这样你就能与人进行一场愉快而深入的交谈，让别人对你刮目相看了。

学会转移话题，把问题转过去

我国传统文化中的瑰宝——太极，讲究以柔克刚、四两拨千斤，这种哲学思想同样能够在我们的谈话当中起到重要的作用。其中，最为重要的作用就是转移话题，让我们绕过不想继续下去的话题，避免破坏彼此的心情，更能够避免气氛变僵甚至冷场。

转移话题是一种面对难以回答的问题时最佳的处理方法。以前的儿童科普书籍往往会取名为《十万个为什么》，然而在我们的一生中遇到的问题何止十万个？在这些问题当中，有些我们不能回答，有些我们不愿意回答……那就试试用"太极思想"来转移这些问题吧！圆转自如，达到这种境界，不管是面对怎样的状况，都能够自然地转移话题。

小节是个反应非常快的人，在他的人生当中，鲜少有人能问出让他不愿意回答的问题。然而，在他25岁的时候，他碰见了一个令他无法回避的人——他的女朋友小娜。小娜特别喜欢看情感剧，和小节在一起后，她便让小节陪她看。可是，小节对情感剧兴趣不大，让他全情投入地观看情感剧，无疑是一种痛苦的煎熬。所以，在陪小娜看电视的时候，他其实是在偷看手机或者走神。听起来有点难熬，但他仍然甘之如饴。可甘之如饴的背后，他也有不得不面对的——应付在讨论剧情环节小娜提出的大量问题。如果自己的回答和剧情不对应，自然就少不了要"收获"小娜的白眼。久而久之，他总结出了和小娜谈论剧情的技巧，成功避免了矛盾的产生。于是，双方经常发生这样的对话。

小娜："女主角真是太惨了，那个男主角真是个负心汉，你说是不是？"小节："是啊，真是个负心汉。我有点饿了，咱们叫份夜宵吧。"小娜："我也有点饿了，那就叫份夜宵吧。男主角再这样下去，即便最后是团圆大结局，我也不喜欢他了。刚才那集，你说男主角做得最差劲的是哪件事情？"小节："男主角做得最差劲的是哪件我现在管不了，但是作为男朋友的我做得最差劲的是你饿了我却没有准备好夜宵。我跟你说，我今天刚听同事推荐了一家烧烤店，那家的牛肉别提多好吃了，你不是最喜欢牛肉吗？要几串？"小娜："给我来两串……不，三串牛肉，再来一串脆骨……"

最难过的那关终于过去了，小节松了口气。

不动声色地转移话题，是一种高明的应对方式。很多时候，在直接回答对方的问题时若回答不好，就会激起对方愤怒的情绪。而人在愤怒的情况下，就会先入为主地将你的理由当成是借口，接下来还会对你心生不满。真正高情商的人，怎么能够让这种事情降临到自己身上呢？于是，"打太极"就变成了最好的应对方式。

太极中不仅有"以柔克刚"，还有"四两拨千斤"。但想以四两拨千斤，并不是那么容易的事情，这就意味着当你想要回避一个话题的时候，就必须抛出另一个让对方感兴趣的话题，让对方主动接过你抛出的话题，暂时忘掉自己刚刚说过的事情。

想要做到这一点，就必须抓住对方的兴趣点，找出一件让对方非常感兴趣的事情。那么，最为有效的事情是什么呢？就是发生在自己身上而对方又肯定会感兴趣的事情。简单来说，就是用一件会让自己不那么难受的事情去回避一件让自己非常难受的事情。当然，如果有更好的选择就再好不过了。

转移话题的能力不是一朝一夕就能练出来的。你平时积累的素材都是能够急中生智转移过去的新话题。如果能够熟练掌握这一技巧，那么势必能够回避一些在交谈中遇到的自己所不愿意接受的话题，维持好自己的心情和谈话的气氛。

用反问的方式回应别人的挑衅

从人类出现开始，人与人之间的关系就非常复杂。有些时候，人与人之间的关系是友好和渴望互相合作的；但也有些时候，人与人之间的关系是针锋相对，甚至是尖锐到想要让对方难堪的。因此，有时候我们不得不面对一些挑衅。我们很多时候需要守住"不主动挑衅别人，但是也不畏惧任何人的挑衅"的底线。"自卫反击"让对方不敢再挑衅是我们要达成的目标。那么，要以什么样的方式面对挑衅呢？

反问其实就是回应挑衅的最佳方式。以反问回应挑衅，不仅能够将尴尬的难题抛给对方，更能够让对方站在你的立场上进行思考，反思自己的所作所为究竟是不是正确的，反思自己的立场是否能够站得住脚。一旦带乱对方的节奏，就会使其陷入逻辑混乱的状态，让自己避免陷入尴尬状况。不过如何反问也是一种技巧，并不是谁都能够掌握的，而且这对于使用者本身的能力也有一定的要求。下面，我们就来说几种以反问回应的方式。

第一，原话反问，让其自己反省。

这是用在对方挑衅你、指责你的时候，让对方看看自己的行为是否合适。

小文是某科技网站的编辑，经常评测一些电子产品。如今，电子产品已经成为家家户户必不可少的东西，特别是很多年轻人都有自己喜欢的品牌，是某个或一些品牌的粉丝。而小文在进行评测的时候，难免就会对其中一些产品做出负面评价，所以遭遇粉丝攻击也就成了家常便饭。

一次，小文在评测了某品牌耳机的样品之后，遭到了该品牌粉丝的攻击："没有拿到成品，也就是说还没有彻底了解这款产品，这个评测一点儿都不客观，你该是收了竞争对手的钱吧？"

小文忍无可忍地反问道："您对我也没有彻底的了解，然后就对我做出了评价，是不是也收了竞争对手的钱呢？"对方不服气地回答说："我有言论自由的权利，我没有骂人，想说什么就说什么。"小文再次反问："难道我就没有言论自由了吗？"遭到小文的两次反击以后，对方再也没有挑衅过。

这个时候其实这个主动发起挑衅的人已经陷入了逻辑混乱——如果他否定小文的观点，那么也就间接否定了自己的观点，于是只能灰溜溜地闭嘴了。

第二，巧妙类比，让对方闭嘴。

类比是人们常用的修辞方法。在小学的时候，每个人都会在语文课上学习相关的知识。

世界上总有一些让人不满意的事。作为一名消费者，在厂商夸大其词，或者没有兑现承诺的时候，难免会有些微词。可一旦有人表示批评，就会有其他人表示："人家已经很不容易了，即便没有兑现承诺，也不应该受到这样的批评！""说得这么好，你怎么不去生产呢？"……面对这些说法，人们想出了无数经典回答："难道我嫌鸡蛋不好吃，还要自己去下蛋？""我觉得我家的空调制冷不行，我要先去学制冷？"

无论是一个人、一个团体，还是一家公司，在表现得不尽如人意的时候，总是难免会受到批评。批评者未必要在这一领域达到他所要求的高度，因为每个人的社会分工都是不同的，"你觉得他不行，那么你怎么不去做"这种言论愚蠢至极。

第三，在双方地位、身份对等的情况下，面对挑衅时，不如让对方来回答问题。

挑衅别人的人，往往自己并没有击败对方的能力，拿不出比对方更好的方案。如果有的话，也不必使用挑衅的手段来打击对方，可以直接去做。例如，在一次会议上，你拿出了一个方案，却遭到竞争对手的挑衅，你大可以反问他说："那么对这个问题，你有什么更好的方法吗？"相信在这个时候，对方并不是胸有成竹的，就算勉强拿出一个方案，也必然存在着缺点，所以你想要击败对方也不是太难的事情。对方可以从你的方案中找到不足，你同样也可以。

　　被人挑衅是一件非常令人窝火的事情。我们适时地将问题抛还给对方，既能避免自己尴尬，又能给对方一个教训，这是一个非常高明的回应套路。

如何优雅地退出争吵

没有人喜欢争吵，争吵这件事情必然伴随着大量负面情绪。这些情绪会让人血压升高，心跳加快，而心理层面的影响更是会持续相当长的一段时间。而且很多时候，争吵的胜利者其实并不舒服，失败者更是难受得无以复加。每一场争吵都是一场双方没有收获的"战争"。令人遗憾的是，争吵这件事情本身有时是无法避免的，即便是最清心寡欲的人，一生之中也难免会与人争吵。那么，如何优雅地退出一场争吵，避免争吵失败，并保住自己的颜面呢？

第一，冷静自持。

很多人都不明白，认为冷静自持会显得软弱，是最没有面子的事情了，如何能够与优雅挨得上呢？其实并非如此。吵得比较凶的那一方往往希望能够在争吵中压倒另一方，毕竟在争吵中讲得对方哑口无言，是一件非常痛快的事情。而如果在这个时候，对方始终一言不发，甚至是面带微笑，待你长篇大论以后一言不发地转身离去，或反应平平，你会是一种怎样的心情呢？

在争吵中，如果其中一方不争也不吵，那么争吵就变成了单方面的事情。而且，对方的长篇大论得不到回应，你的无声代表了你的立场，体面地给对方最大的打击。他的话语得不到任何回应，甚至连反驳都没有，没什么比这种状况更让人难受了。

第二，降低音量。

争吵其实是一件丢人的事情，主要是高分贝的争执会引来其他人的注意，而无论是谁，大声喧哗的样子都与优雅沾不上边。如果实在是躲避不了，一定要争吵，在争吵的过程中，可以尝试降低自己的音量。人的反应是非常奇妙的，你在与一个习惯高声说话的人相处时，声音也会不受控制地升高，而当你与一个低声讲话的人交流时，你也会自动降低自己讲话的音量。所以，如果真的发生了不可避免的争吵，那么先主动降低音量，对方也会降低自己的声音，最终争吵将化于无形。

想要优雅地退出争吵恐怕是关于说话的所有问题中最为困难的事情。而且一场激烈的争吵，会给参与者带来巨大的伤害，有时甚至没有任何一个人能从中获得好处。既然如此，不如从一开始就不参与争吵。但如果不小心被卷入事件中，或者事态已经完全不受控制，那么越早退出越好。人在情绪激动的时候是不可能说出好话的。一件小事也可能会因为双方的气愤而被不断放大，最终造成没人愿意看见的结果。趁早退出争吵，给双方一个冷静下来的时间，这样才能真正解决问题。

提问是引导话题的最好方式

大多数时候，我们和别人交谈，都会抱着一定的目的。想要达成目的，就必须让这场谈话按照既定的方向进行下去，并且还要让对方跟随我们的方向，把话题自然而然地引导到我们最终的目的。

这不是一件容易的事。一方面，我们开头抛出的话题如果不好，未必能够引起对方的兴趣，让对方乐意与我们谈论；另一方面，即便有机会提出我们的意见和建议，对方也未必肯接受。

那么，有什么技巧可以帮助我们在交谈中主动引导话题，自然而然地牵引对方的思路，达成我们的目的呢？相信孟子与齐宣王的一段对话能带给我们不少启示。

孟子拜见齐宣王，然后问道："大王，听庄暴说您很喜欢音乐，是真的吗？"

齐宣王答道："我只是爱好一般的音乐罢了。"

孟子说："只要您真的爱好音乐，那么我们齐国就会变得富强。"

齐宣王求教孟子："这是什么道理？还请先生赐教。"

孟子说："且先容我问大王一个问题。欣赏音乐的时候，是一个人独自欣赏比较快乐，还是和众人一起欣赏比较快乐？"

齐宣王答："当然是大家一起欣赏更快乐了。"

孟子又问："那是和一小群人一起欣赏音乐更快乐，还是和一大群人一起欣赏更快乐呢？"

齐宣王答："那当然是分享的人越多越好，和很多人一起欣赏会更快乐。"

孟子又接着说道："那我们不妨来谈一谈赏乐的道理吧！如果大王在这里开开心心地欣赏乐曲，而老百姓们听到乐曲声后，却满面愁苦地哭诉说：'我们大王这样喜好音乐，而我们却为什么苦到这种地步？'这说明大王您只图自己一个人快乐，不能够与百姓同乐。但如果大王您赏乐的时候，百姓们听到了，全都眉开眼笑，纷纷赞叹说：'大王一定觉得很快乐，所以才在那里赏乐啊！'那就说明，大王您是能够和百姓一起同乐了。所以，等到大王能够做到真正与百姓同乐的时候，天下百姓也就顺服大王了。"

从这段对话中可以看出，孟子之所以来向齐宣王进言，主要的目的其实是要规劝他与民同乐，多为百姓考虑，把心思放在百姓身上。但他很聪明，没有一见到齐宣王就义正辞严、直言不讳地指责他，或是试图说教，而是通过一系列的问题，一步步把话题从音乐引到了治国上，让齐宣王在不知不觉中就被上了一课，而且，这课上得还比较开心。在这次谈话中，孟子说的道理环环相扣、层层递进，让人无法反驳。

可见，提问是引导话题的最好方式。曾有心理学家做过研究，发现在所有成功的推销案例中，靠知识产品取得成功的比例只有5.6%，而靠有策略地提问所取得成功的比例却占了64.3%。由此可见，只要提问得当，我们完全可以引导对方按照我们的思维去思考，甚至会在一定程度上影响对方的想法和决定。

就像孟子与齐宣王那样，孟子知道齐宣王喜欢音乐，便以此为切入点，和齐宣王展开话题。在聊天一开始，孟子用提问的方式引导话题的走向，而他所提的问题都是环环相扣的。从是否喜欢音乐，到欣赏音乐时的快乐，最后把话题引到了治国方针上。更重要的是，在引导话题的过程中，几乎所有的佐证都是齐宣王回答上一个问题时给出的答案。孟子就好像一个耐心教导孩子学步的老师一样，牵引着齐宣王，一步步得出了他预想中的结果。而从齐宣王的角度来看，这个结论是从他的答案中层层推导而来的，所以他自然也不会提出反对意见。

要想做到如孟子一般，用提问来引导话题，关键的一点就是要善于倾听，并能从被问者的回答中迅速找到关键信息，然后层层递进、层层深入，让每一个提问都能相互关联起来。

比如当你提问："目前所面临的最大障碍是什么？"

对方回答："资金问题。"

那么你的下一个提问要根据对方的答案提出，比如："想过如何解决资金问题吗？"

然后等对方回答之后，再继续根据对方的答案来提出下一个问题。

这样层层递进、相互关联，才能将对方的思维引导到我们准备已久的"轨道"上，让对方按照我们的思路思考，最终得出我们设想的结论。

第六章

善于变通，说话要因人而异

　　同一句话，说给不同的人听，会引发不同的反应，产生不同的效果。这是因为，每个人在文化程度、价值判断、视野、格局等方面或多或少会存在差异，对同一句话的理解也就存在差异。而且，受时机、场合、情绪等因素的影响，每个人对同一句话也可能产生不同的理解。所以，我们要善于变通，说话要因人而异。

称呼错了，说话的机会也就没了

我们与人交流时，称呼往往是说出的第一句话，同时也是踏入社交大门的通行证。称呼得当，是尊重对方的一种表现，同时也是为我们赢得印象分的开始。尤其是在面对陌生人的时候，你对他的称呼是否得当，直接影响了对方对你的第一印象。

有这样一个故事。

黄昏时分，大山里，一个年轻人正骑着马赶路，眼见天已经快黑了，却不知道前方有没有可以歇息的地方。

正在年轻人焦急万分的时候，他突然看到前方一位老人家正牵着牛慢悠悠地走着。年轻人赶紧过去，冲着老人家喊道："喂，老头儿！前头有没有可以住宿的客店？"

听到年轻人的话，老人家很不高兴，斜着眼瞥了年轻人一眼，淡淡地吐出两个字："五里。"

年轻人一听，心想：原来五里路之外就有客店，那倒是也不远，今夜终于可以睡个好觉啦！于是他便策马狂奔而去，想赶紧到客店吃饭、休息。

年轻人一口气骑马跑了十余里路，别说客店了，周围连半个人影都没有，朝远处眺望，依然是一片荒山。年轻人心中甚是恼怒，不由得开始咒骂路上遇到的老头儿，觉得那人是故意要自己的。

骂着骂着，年轻人突然顿住了，脑子灵光一闪，刚才那老人家说的"五里"，不正是"无礼"的谐音吗？回想刚才自己对老人家说的话，年轻人这才明白过来，那老人家刚才是故意教训自己呢！

想通了这些，年轻人顿时觉得懊恼不已，为自己的行为感到羞愧。他赶紧调转马头，打算回去向那位老人家道歉。

再见到老人家，年轻人赶紧翻身下马，带着几分歉意地喊了声："老大爷……"

这一回，还不等年轻人说什么，老人家就已经亲切地对他说道："行了行了，你今晚想找到客店是不可能了。若是不嫌弃，我家倒是可以招待你一夜。"

别小看一个小小的称呼，它可以直接反映出你对他人的态度。当年轻人毫不礼貌地称呼老人家为"老头儿"时，老人家对年轻人自然也不会有什么好感，更别说帮助他了；而当年轻人意识到自己的错误，亲切地称呼老人家为"老大爷"时，老人家对待年轻人的态度自然就有了转变。

称呼是"礼"的开始，也是人与人建立关系的开始。当你以充满善意和礼貌的称呼与对方打交道时，对方自然也会报以同样的善意与礼貌；相反，如果你一开始就没有尊重对方，那么对方同样不会给你什么好脸色。

所以，情商高的人都懂得如何从称呼开始就打动别人，让对方感觉到快乐和温暖，从而留下一个好印象。而那些情商低的人却常常得罪了别人还不自知，甚至可能因称呼的问题而白白葬送了自己的机会。

那么，怎样选择合适的称呼呢？总结起来，有以下几个原则。

第一，根据场合判断。

场合是判断称呼是否恰当的第一因素。如在本单位，同事关系比较亲密，就可以直呼其名，私下里还可以用昵称。但是在公司以外的工作场合，同事之间就不能随便用昵称，而要称呼对方的姓氏加职位。这样才能把对方在公司的职位，承担什么责任等信息准确有效地传递给别人。

在多人场合，称呼要注意主次。宜以先长后幼、先上后下、先疏后亲、先女士后先生的顺序称呼。

在日常生活中，我们称呼自己的亲人为爸、妈、弟、妹等，而对外，我们要根据不同的情况采取谦称，如"家父""家母""舍弟"等；对他人的亲属，应采用敬称，如"令堂""尊兄""令爱""令郎"等。

第二，根据年龄判断。

这点很好把握。比如年轻的，称小姐、小妹、先生；对于年长些的，称女士、夫人、太太、大嫂、阿姨、奶奶、叔叔、伯伯、大爷、爷爷等。当然这里最重要的是要考虑对方的心理。俗话说："逢人命短，遇货添钱。"意思就是说：对于别人的年龄，要少说几岁；对于人家买的东西，要往贵说。

第三，根据关系的亲疏判断。

如果是关系比较亲近的，可以直呼其名，或叫小名、绰号、雅号更显亲昵，这时，"小王""老赵"这类称呼都不算失礼。若关系较远的就要用姓氏加上先生、小姐等正式称呼，或者加上职业、职位。对于完全陌生的一些服务人员为了让对方感觉亲切，也不妨用些非正式的称呼，如称呼出租车司机为"司机大哥／大姐"等。

第四，根据职业、职位判断。

不同的职业、职位，也有不同的称呼。如对医护人员称"大夫""护士"，对公职人员称"同志"，对教师称"老师"。或在职位前冠以姓氏，如"康总""高处长"等。

无论我们怎样称呼他人，关键是要传递出这样的信息：你很重要，我很重视你。

所以，永远别小看称呼这回事，寥寥几个字，可能会影响你和别人之间的情分。

说话因人而异，世界会对你温柔

我听老人说过这样一句话："见什么菩萨念什么经，看什么对象说什么话。"这其实就是在告诫我们，要学会因人而异地说话，和不同的人沟通，要采取不同的方式，只有这样，才能把话说到对方心坎里，让对方接受我们的意见和看法。

在现实生活中，有一些人对"说话要因人而异"这一观点有着比较偏激的认知，觉得这是一种圆滑和虚伪的表现，并不值得提倡。但事实上，设身处地地去想一想，这何尝不是对他人的一种尊重呢？如果为了自己的"直爽"，就毫不考虑别人的感受，想什么说什么，这样的行为岂不是太过自私？

说话因人而异，这是与人交流沟通的一项重要技巧，同时也体现了一个人的社交能力、学识修养以及处世态度。在生活中，许多人缘不佳的人，其实都有着优秀的语言表达能力，却总是不受欢迎，很大一部分原因是他们总是以自我为中心，说话、做事从不考虑他人的心情。这样的人或许非常耿直，但同时也很难获得别人的好感。

小刘进入理发行业已经三年多了，在师傅的教导和自己的努力下，已经练就了一身本领。虽然小刘勤奋又能干，但他的业绩却一直不是很好，顾客对他的评价也非常一般，甚至还比不上技术远远不如他的新人小关。

对此小刘一度感到很苦恼，他把烦恼向师父倾诉之后，师父便建议他多看看小关平时都是怎么和顾客打交道的。

有一回，小关的一位顾客理完发之后，一边照镜子一边皱着眉头说道："这头发留得太长了些吧！"

一旁的小刘听到之后，便暗暗观察小关的反应。只见小关笑眯眯地走到顾客身后，礼貌地说道："先生，稍微留长一些更符合您的气质，显得比较含蓄，藏而不露，短了就没这样的效果了。"

听完这话，顾客紧皱的眉头舒展开来，脸上露出了满意的笑容，开心地说道："这么说倒也有道理。"

还有一回，小关的一位顾客理完发之后，照着镜子不甚满意地抱怨道："这剪得也太短了，这么短太难看了啊！"

小关则解释道："先生，短一些显得精神。您五官比较立体，留得短一些更有男人味，让人一瞧就感觉您精明干练，精英范儿十足。"

听了这话，顾客自己也越看越满意，高高兴兴地走了。

　　在观察了小关几天之后，小刘终于明白为什么明明小关技术不如自己，却总能讨得顾客的欢心了。看来，要想在这服务行业做好，不仅要磨炼技术，还要学会如何说话，如何与顾客打交道。

　　从小刘和小关的经历就能看到，说话这件事，还真是门值得深究的艺术。那些懂得说话的艺术的人，懂得因人而异地说话的人，无论走到哪里，都能拥有好人缘。

　　真正做到会说话，会因人而异地说话也不是一件简单的事情。我们必须加强自身的学识和修养，才能针对不同的人说出不同的话，将话说到对方心坎里去。通常来说，我们可以从以下几个方面考虑。

　　第一，年龄差异。

　　面对不同年龄段的人，沟通的方式也应有所不同。通常来说，与年轻人沟通，可以多采用一些富有激情的语言，这样与年轻人的个性会更加相符；如果是与中年人沟通，则应该以理性的语言为主，分析清楚利害得失，以供对方斟酌；如果沟通对象是老年人，则要记住展现出你对对方的尊重，记得使用敬语。

　　第二，职业差异。

　　与从事不同职业的人沟通，也应当使用不同的方式。比如可以根据职业类型的不同，尽量在沟通中加入一些对方所从事职业的相关知识或话题，这样才能够大大提升对方对我们的信任感和好感度。

第三，性格差异。

与不同性格的人交流也有不同的沟通方式。比如和性格直爽的人交流，单刀直入会让对方更有好感；而如果和性格稳重的人交流，则应讲求"慢工出细活"，在语言方面进行一些雕琢和修饰。

第四，文化、兴趣差异。

此外，谈话对象的文化程度和兴趣爱好也是非常重要的，只有摸清了对方的这些特点，我们才能更好地引出话题，进而与对方产生共鸣。

一位成人教育学家曾说过："一个人的成功，百分之十五取决于知识技能，另外的百分之八十五则取决于他与人沟通的能力。"可见，想要获得成功，就必须掌握与人交流和沟通的技巧和艺术，学会在面对不同人时，做到因人而异地与对方沟通交流。

礼仪周到，到哪儿都让人挑不出毛病

老人总说："礼多人不怪。"意思就是说，只要你注重礼节，礼仪周到，那么不管到哪里，都不会被人轻易怪罪责难。

这句话是很有道理的，在人际交往中尤其如此。只要你能兼顾好方方面面的礼仪，哪怕让人揶揄一句"客气疏离"，至少也不会得罪人，引起别人的厌恶。即便对方对你全无好感，也找不到可以攻击你的机会。

其实很多人的热情洋溢只是表面客气，有些人一边拉着你的手热情洋溢地告诉你别见外，一边却又无时无刻不在审视你的表现和礼仪。你要是真的不见外，那恐怕以后就连见外的机会都没有了。

段成是个很实在的人，对别人说的话从来不多想，别人说什么他就信什么，特别单纯。一开始，女友芳芳就是看上了段成的单纯，觉得他老实可靠。但时间久了，芳芳也不免有些憋闷，因为段成总是做出一些让她哭笑不得的事。

　　过年的时候，芳芳正式带段成回老家见家长。一开始，段成处处都表现得客客气气的，坐在沙发上端端正正，干什么之前都要先客气地询问一下。

　　在芳芳老家住了几天以后，芳芳的父母和段成也逐渐熟稔了起来，很热情地招呼他说："不要见外，把这里当自己家，都是自己人。"

　　通常来说，听到这样的话，大多数人心里都明白，人家让你别见外，是一种客气的说法。偏偏段成就是个心里没数的，一听芳芳父母这么说，自己也觉得：说得对啊，都是一家人，别弄得太见外！于是干脆就放下紧张的样子，开始不见外了。坐在沙发上歪歪斜斜地靠着沙发看电视，想吃东西随手打开冰箱就拿……

　　芳芳父母看着段成这样子，心里越来越不高兴，但碍于女儿的面子也没有说什么。等他们要离开的时候，芳芳询问父母对段成的看法，芳芳妈妈欲言又止了半天，才说道："唉……这孩子哪儿都好，就是吧，也太不把自己当外人了……"

　　礼仪不仅体现出一个人的修养，同时也体现出对他人的尊重。但现在，很多人都有一种错误的认知，觉得两个人之间什么都讲究礼仪，那就是不把对方当自己人，太见外。这种想法在人际交往中其实是非常危险的。要知道，每个人的性格和观念都不同，有的人说话做事比较大大咧咧，什么都不往心里去；而有的人则敏感纤细，又容易想太多。和那些大大咧咧的人相处时，哪怕你随意一些，不讲究礼仪，对方也不会有什么看法；但如果和那些比较敏感的人相处，你却依然什么都不讲究，就难免惹人讨厌了。

大部分人在表达自己的情感和想法时都比较含蓄，即便对别人有意见，也不会当面直白地表现出来。正因为如此，所以我们在与人相处的时候，才更要注意礼仪问题。即便对方告诉你"随意""不要见外"，你也应该恪守基本的礼貌。礼仪周到了，别人才会对你产生好感。

张伟是个性情直爽、为人仗义的人，哪里都好，就是有些大大咧咧，不太会琢磨别人的情绪。

在一次同学聚会上，张伟见到了学生时代相处得还算不错的同学王楠。王楠这几年干得不错，已经成为某个大集团的董事长。聚会上，大伙一口一个"王董事"地叫着，半开玩笑地表示以后如果跳槽一定首选王楠的集团。

听着老同学们的奉承，王楠笑眯眯地表示："都别见外啊，叫什么王董事，还是跟以前一样，叫小王，这样还显得我年轻呢！"

对王楠的客气，大家也都没当真，还是一口一个"王董事"地叫着。但直爽的张伟就不同了，一听王楠这么说，立马就搂上了王楠的肩膀，不客气地嚷嚷着："小王，你小子现在可能耐了，不过你就这一点好，再怎么能耐也不会忘本！来，碰个杯！"

王楠脸上的笑容僵了僵，冷冷地瞥了张伟一眼，虽然什么也没说，但面上的表情显然已经没有刚才的热络劲儿了。

　　很多时候别人对你客气其实只是一种谦逊客套的表达方式，我们听到别人客气的话，还是要尽量做到礼仪周全。这是我们个人的修养问题，同时也是我们对他人的一种尊重。与人相处，要想长长久久，就要懂得给自己设限，为彼此之间设定一个"安全距离"，而这个"安全距离"就叫作"礼仪"。

说话得有道理，但更得有效果

我们总在强调会说话的重要性，但究竟什么才叫"会说话"呢？

有人认为，会说话指的就是能言善辩，能说会道，不管什么话题都能接，无论和谁都能滔滔不绝。但这种认知其实并不全面，话说得多不代表会说话。

我们与人交流沟通，都是抱着某些目的的，可能是为了说服对方，也可能只是为了拉近彼此的距离，让对方对我们产生好感。但不管出于什么原因，只有达到目的，这场谈话才算成功。所以，我们所说的会说话，关键并不在于你能说多少话，或者你说的话有多少道理，而在于是否能够利用语言达成目的，让你所说的话产生你想要的效果。只有能够达成目的，产生自己想要的效果的才是真正的会说话。

后院里住着一头牛和一匹马，牛非常羡慕马，觉得马每天的工作都比自己轻松，那才是自己真正渴望的生活。有了这种想法之后，牛对自己的工作愈发不满意起来。

有一天，主人和往常一样，赶着牛去田里耕地。由于情绪不佳，牛始终打不起精神来，一路走走停停，效率比往常低了不少。主人非常生气，对牛又打又骂，这让牛更不高兴了，它干脆停下来再也不肯继续干活。主人无奈，只得不停地说好话哄牛，还给它喂最好的饲料。可嘴皮子都磨破了，牛还是不为所动，之后也依旧不肯好好干活。

就在主人烦恼不已的时候，一位路过的智者偷偷给他出了个主意。

次日早晨，主人和往常一样从后院把牛牵了出来，但这一次，主人没有带牛去耕田，而是告诉它："我想让你去做一件事，就是不知道你愿意不愿意，也不知道你能不能做好。毕竟这件事就连马也做不到。"

听了这话，牛顿时就来了精神，兴致勃勃地问主人："您要我做什么？"

主人说："我想带你去一个很远的地方运送些东西，但途中可能会遇到不少危险。马因为害怕危险，所以不肯与我同去，你怕不怕呢？"

牛一听更开心了，连连保证道："主人啊！我比马可厉害多了！它干不了的活儿，我都能干！"

主人很高兴，一边夸奖牛，一边拿出布条说道："那可真是太好啦！但是为了不让你感到害怕，我决定在路上把你的眼睛蒙起来，这样我们就不会耽误行程啦！"

牛同意了主人的提议，就这样心甘情愿地被主人蒙住眼睛拉去耕地了。此后，主人一直用这种方法带牛去耕地，而牛呢，每天干活都比从前还有劲。更重要的是，它每天都非常快乐，并且为自己正在做的事情感到无比自豪。

当牛因为羡慕马的生活而对自己的工作失去干劲的时候，主人真是煞费苦心，但严厉的责骂和卖力的夸奖都没能让牛恢复干劲。这是因为，主人在那个时候不清楚牛到底在想什么，不管是责骂还是夸奖，都没能真正说到牛的心坎里去，所以，就算口才再好，主人也没法达成自己的目的，让牛重新认真工作。

智者的聪慧之处就在于，他精准地把握了牛的心理，所以只需寥寥数语，甚至不用任何辞藻的修饰，便能让牛重新投入工作。可见，"会说话"的精髓在于你是否能将话说到点子上，是否能够让对方信服你的话，心甘情愿为你达成目的。

在沟通中，很多人都容易走进一个误区，那就是为了博得他人的好感，获得他人的认同，想方设法表现自己的口才，试图让自己所说的话更加精彩，并认为只有这样才能获得别人的好感。但事实上，如果我们不能在话语中融入能让听者信服的东西，那么再精彩的语言，也无法引起对方的共鸣，拉近彼此的距离。

　　真正高情商、会说话的人，未必对谁都能滔滔不绝，但他们所说的每一句话，都能起到相应的作用和产生一定的效果。语言是人与人交流沟通的工具，如果无法发挥其作用，那么修饰得再华丽也毫无意义。

　　无论何时，我们都应当记住，说话不仅要有道理，更要有效果。如果你说的话不能让对方听进去，那么说得再有道理，也无法发挥真正的作用。只有能够说出让人心悦诚服的话，才叫真正的会说话。

想要获得认同，就要选对沟通方式

传说在龙的咽喉下有一块倒长的鳞片，这是龙身上最脆弱也是最敏感的部位。它不会让任何人触碰这个部位，谁要是胆敢去触碰这里，必然会激怒龙，并被它杀死。这块倒长的鳞片被人们称为"逆鳞"。

人亦如此，不管是谁，身上都有不容触碰的"逆鳞"。所以，我们在与人交往的时候一定要慎重，针对不同的人，选择不同的沟通方式，否则一旦触碰到别人的"逆鳞"，就可能惹来别人的厌恶，为自己招致不必要的麻烦和祸患。

在人际交往中，最忌讳的就是口无遮拦。如果一个人不懂得控制自己的嘴巴，想到什么就说什么，哪壶不开提哪壶，那么就算这个人没有坏心眼，也很难被别人接纳和认可。我们接触到的人多种多样，不管是身份地位，还是性格特点，都不尽相同，每个人的"逆鳞"自然也有所不同。如果想与人和谐共处，在与人交往的过程中，就得学会选择最恰当的沟通方式与之交流，切莫因沟通方式不恰当而让自己失去朋友，甚至增加敌人。

黄波是个性格内向又敏感的人，总是很在意周围人的看法，所以很少会有人和他开玩笑，平日里他也有些不合群。

按照公司惯例，每周一早上各部门都会开一个研讨会，总结上一周的工作情况。正巧这周黄波生病了，重感冒、嗓子发炎，说话都不利索。在讨论会上，轮到黄波发言时，他站起来嗳嗳了半天，脸憋得通红也没能说清楚一句话。

黄波平时就是个容易紧张的人，最近他身体不好的事情大家也都知道。就在这个时候，黄波的同事赵宇大概是想帮他解围，便打起了圆场说："嘿，黄波，你跟我们都这么熟了，怎么还害羞呢？要不你把发言内容写在纸上，我帮你念。我这个人脸皮厚，就算脸红，别人也看不出来。"

赵宇平时就是个性格跳脱的人，喜欢和人开玩笑，大家也都知道他没什么坏心，所以全都大笑起来。但黄波却不这么想，在他看来，赵宇当众这样说，就是不尊重他。黄波顿时恼羞成怒，恶狠狠地瞪了赵宇一眼。之后很长一段时间里，黄波都没有和赵宇说过话，就连一起搭档做事的时候，也对他表现得非常抵触。

客观来说，赵宇的玩笑显然并没有什么恶意，他只是想用风趣幽默的方式来帮黄波化解尴尬。但问题是，黄波本身就是个比较敏感的人，在别人看来无伤大雅的玩笑，对黄波来说却未必那么友好。可见，人和人是不同的，想要赢得对方的好感，让对方认同你的想法和意见，我们首先要做的，就是选对沟通的方式。

人们之所以更愿意和情商高的人来往，就是因为情商高的人在待人接物时最懂察言观色，知道用什么样的方式和别人沟通能够达到最佳效果，并可以轻松绕开雷区，不会触碰别人的"逆鳞"。

王教授即将退休，他的一些同事和学生为他举办了一个欢送宴。

席间，王教授注意到一位女士独自坐在角落里，似乎和周围的人都不太熟悉，显得有些格格不入。

作为宴会的主角，王教授认为自己有义务照顾好每一个人，于是他礼貌地走到那位女士面前，温和地询问她说："你好，真抱歉，像我这样上了年纪的人，记性就是不大好。请问你是哪位？"

女士脸上闪过一丝惊诧，随即便有些羞涩地笑了笑，回答道："教授您好！我是瑞明的太太，瑞明从前是您的学生。他总和我说起您，这次原本我们要一块过来的，结果半路上他被公司叫去处理一些事情，得晚些时候才能过来。"

听到女士的话，教授一边笑着说"无妨"，一边给她倒了一杯茶。教授以自己的学生为切入点，微笑着询问这位女士和瑞明是如何认识的。

没想到的是，在听到教授这个平常至极的问题后，这位女士脸上显露出了一丝尴尬和羞怯，竟有些手足无措起来。教授心想：坏了，真没想到她是这样容易害羞的女士，这个问题似乎有些唐突。

在气氛变得尴尬之前，教授赶紧自己笑道："是不是上当受骗，一言难尽啊？也难怪，瑞明是我所有学生中最'鬼精'的一个了……"

听到这话，女士"扑哧"一声笑了出来，气氛也变得轻松愉快多了。教授趁机转移话题，之后的交流也比之前顺畅多了。

在意识到自己的问题给别人带来困扰之后，为了消除女士的窘迫，教授用了幽默方式来打破尴尬，调动气氛，让谈话能够轻松愉快地继续下去。不得不说，教授的情商确实非常高，他迅速而精准地抓住了这位女士容易羞怯的性格特点，主动担当起了引导话题的角色，用轻松、愉悦的方式化解了女士的窘迫与尴尬。

说话的技巧有很多种，掌握技巧固然重要，但用对技巧才是关键所在。在人际交往中，想要获得别人的认同，在你开口之前，就要了解或洞察对方的身份、处境、情绪、心理等因素，然后采用恰当的沟通方式，这样才能得偿所愿。

第七章

"不"要这样说出口

说"不"，并不是一件容易的事情。有人认为，如果你能够对生活当中一些没有必要的事情果断说"不"，那么你人生当中的麻烦将会减少三分之一。这种说法固然有一定的道理，却忽视了盲目地说"不"可能会为自己带来另外三分之一的麻烦。想要真正避免这些麻烦，就要学会更好地说"不"。

否定之前先肯定

　　每个人大概都有过这样的感受：当你的某些观点和想法被别人否定的时候，哪怕对方的否定有理有据，也会让你感到不舒服、不开心。甚至有时候自己明明已经发现不足，也总是忍不住想要反驳对方来证明自己是正确的……这其实是非常正常的事情，没有人喜欢被否定的感觉，不管这种否定给我们带来的是好处还是坏处，从情感方面来说，这都不会是什么让人舒心的体验。

　　推己及人，我们有这样的感受，别人同样也会有这样的感受。没有谁会愿意对那些总是否定自己的人敞开心扉。人都有被认同、被赞赏的期望，相比那些总是否定我们的人来说，显然和那些愿意肯定并支持我们的人交往要让我们舒心愉悦得多。

　　我们与人交际，为的是能多一个朋友，而不是给自己树立一个敌人。当然，这并不是说我们不能阐述自己的想法和观点，只能一味地去迎合别人，而是提醒我们，即便是想否定对方的某些想法和观点，也应有技巧地进行否定，尽量不要引起对方的厌恶。如果语言技巧运用得好，甚至可以轻松地让对方接受我们的意见与观点。

那么，如何否定才能让对方听得高兴，觉得舒心呢？最有效的方式莫过于否定之前先肯定，批评之前先给对方一个"甜枣"。关于这一点，日本松下电器驻法国分公司的前CEO吉田皓野绝对是个中好手。

作为日本松下电器驻法国分公司的CEO，吉田皓野在许多事情上面都有绝对的话语权。但即便如此，他也从来不会在下属面前摆脸色，还十分懂得考虑对方的心情和感受。在吉田皓野看来，一个人想要树立权威，靠的绝不是地位的高低或权力的大小，而是能够让下属们心悦诚服。况且，作为公司的CEO，安抚员工情绪，保证员工的工作积极性也是他的分内事之一。

有一次，公司准备推出一款新产品，用来作为年度主打商品。吉田皓野非常重视这款产品的推广，并打算专门为它设计一个特别的标志。有了这一想法之后，吉田皓野便立即召集设计部的员工，开了紧急会议。

在会上，设计部的一位主管发言说："上次我们设计出的那个菱形标志反响非常不错，我认为可以继续使用它，没必要再专门为这款产品去设计一个新的标志。"

这位发言的主管是公司的元老级人物，在设计部有着举足轻重的地位，如果当面驳斥他的观点，恐怕会让这位主管感到不满，甚至影响公司内部的团结协作。但吉田皓野显然不可能只因为这个缘故就放弃自己的想法。

吉田皓野并没有马上发表自己的意见，而是说："你说得很有道理。上次设计的标志确实非常不错，继续延用它不仅能够为公司节省一笔开支，而且还能让新产品在最短时间内投入市场。"

听到吉田皓野这么说，那位设计部的主管很是得意。然后，吉田皓野又继续说道："不过我们或许可以在原有的基础上做一些小的改动，这样既不会增加太多成本，也不会浪费太多时间。比如加上一个公鸡的形象，你觉得怎么样呢？法国有'高卢雄鸡'之称，加上公鸡的形象，我想法国人一定会觉得很亲切，公司的新产品也一定能畅销全法国。"

之前被吉田皓野夸得飘飘然的主管听完这番话之后，由衷地赞叹道："这样改动简直太棒了！和公司的营销策略非常吻合，也十分符合我们在法国的发展需要。就这么办吧！"

没有任何人喜欢听别人对他的否定，吉田皓野很清楚这一点。所以为了避免打击主管的工作积极性，在反驳对方之前，他先是聪明地递出了一颗"甜枣"，对主管的意见进行了肯定，消除了主管心理上的抵触和警惕。这种做法的确非常聪明，试想一下，如果吉田皓野没有实施这种"甜枣"策略，而是在主管提出自己的观点之后就立即予以反驳，那么会发生什么事呢？恐怕即便最终主管碍于吉田皓野的身份，不得不同意他的意见，也不会那么心甘情愿。主管甚至可能因为吉田皓野当众反驳了他的提议而心生不满，进而影响到之后的工作进程，那就真是得不偿失了。

在现实生活中，我们也常常会面临这样的情况，而如吉田皓野那般的高情商者，不管什么时候，都是不会一开始就直接对别人说出"不行""你错了"之类的话的。要知道，如果你率先传递给对方的情绪就是负面且充满攻击性的，那么对方同样会在第一时间就树立起"警戒线"。这样一来，你再想说服对方，让对方接受你的观点，就难上加难了。

所以，在否定别人之前，一定要记得先给予对方一些肯定。只有先释放出友好的信息，越过对方的"警戒线"，你才能有机会让对方接受你的观点。

拒绝的技巧

与人交往，过于耿直往往容易滋生矛盾，尤其是拒绝别人的时候，就更容易伤害到对方的感情了。毕竟，谁都不会在被拒绝后感到愉快，即便这种拒绝是情有可原的，遭到拒绝的人心中也必定会觉得不舒服。所以，情商高的人往往不会直接说出拒绝的话，而是聪明地绕个圈子，在不破坏气氛的情况下将拒绝的意思表达出来。这不仅能够体现出自己的修养，同时也可以变相地维护他人的体面。

美国著名外交家基辛格是出了名的高情商。他在人际交往方面有着卓越的才能，尤其是在应对记者时，更是出了名的会打太极。

在美国与苏联签署了一个重要的协议之后，随行的美国记者团就急匆匆地围住了基辛格，试图从他那里获得一些新闻。

当时，一位记者问道："苏联一年到底能生产多少战略性导弹？"

基辛格回答："250枚左右。"

随即，记者又接着问道："那么美国又如何呢？"

这个问题就不能随便回答了，一不小心就可能会涉及一些机密资料。但面对记者，基辛格却不能直接而强硬地拒绝，毕竟舆论的压力是非常巨大的。

于是基辛格微笑着向记者解释道："关于配置分导式多弹头的远程导弹数目，很抱歉，我并不知道究竟有多少。至于潜艇导弹，我倒是比较清楚，但我并不确定这个问题的答案是否属于国家机密，所以我无法贸然给出回答。"

听到基辛格这么说，一位记者赶紧大声嚷嚷了起来："可以回答！这并不属于国家机密，是可以对外公开的。"

"哦，原来这是对外公开的吗？"基辛格微笑着回应道，"那不如你来告诉我们一下，究竟是多少呢？"

在场的记者们顿时哄堂大笑起来，在一片热闹的气氛中，这个问题也就不了了之了。

在应对记者方面，基辛格做得堪称高妙。在遇到一些不愿回答的问题时，他并没有用众人惯见的外交辞令——无可奉告，来回绝记者的提问，而是佯装自己不确定如果回答这个问题是否会涉嫌泄漏国家机密，来委婉表示出拒绝的意思。而当有人依旧不买账，紧追不舍地要求基辛格给出答案时，他则话锋一转，用打趣的方式，聪明地将问题推了回去。这样一来，在不破坏气氛的情况下，基辛格也顺利地规避了敏感问题。

　　拒绝本身就已经是件难以说出口的事，一不小心还可能会伤害到彼此之间的感情。何况有时候拒绝的还是别人的好意，那就更是让人难以说出口了。不妨来看看丘吉尔是怎样做的。

　　在第二次世界大战中，丘吉尔领导着英国人民配合盟军与法西斯展开激烈的战斗，为最后的胜利立下了不朽功勋。

　　战后，丘吉尔准备退休时，英国国会通过了一项议案：在公园里为丘吉尔塑一尊铜像，以此来纪念他对世界的贡献，让全英国人民都能够时时瞻仰，向他表达自己的敬仰。

　　对于这一提议，丘吉尔不怎么赞同，他认为这样做是非常不妥当的。但这怎么说也是大家真诚的好意，要是直接生硬地说"不"，可能会伤害到他人的感情。那么，该怎样说才能既表达拒绝，又能让人们欣然接受呢？

　　关于这件事，丘吉尔处理得非常巧妙。他是这样说的："实在很感谢大家的好意，但我实在不愿意让那些鸟儿在我铜像的头上大小便啊，所以还是请大家高抬贵手吧！"

　　这样令人忍俊不禁的拒绝理由，估计谁听了都不会感到生气。真是不得不佩服丘吉尔的机智，这比给众人讲一大堆冠冕堂皇的大道理要可爱多了。

　　拒绝的话确实难以说出口，但在现实生活中，我们总是会不可避免地遇到一些不想做，却又碍于情面不好直接拒绝的事。这种时候，不妨用一些委婉巧妙的方法在表达出自己拒绝的意愿的同时，也能保住对方的颜面。

比如，当有人向你发出邀请，而你不愿赴约时，如果直接说"我没空"或者"我不想去"，难免会伤害对方的感情。这种时候可以这样回答："真是太遗憾了，我今天恰好有事。下次如果你能早些打招呼，我一定会把时间空出来的。"再比如，当你不同意对方的观点时，如果直接指责对方的说法是错误的，很可能会引发一场争吵。这种时候，你可以委婉地表示："你的想法和我的有些不一样。"

总而言之，有些事情你如果不愿意去做，就一定要勇敢拒绝，不能碍于情面就胡乱许诺。但同时，拒绝也要讲究方法和技巧，学会在不破坏气氛的情况下将拒绝说出口，这也是修炼情商的重要课程之一。

补偿式拒绝，给情感一些慰藉

情商低的人，拒绝一次别人就能摧毁一段关系；而情商高的人，即便拒绝也能让对方心甘情愿地接受。

拒绝之所以伤人，是因为被拒绝的人在提出请求时是满怀期待和希望的，而你的拒绝无疑削弱了对方的期待与希望。这种行为甚至会让对方怀疑你们之间的情谊，进而产生隔阂。为了避免这样的状况，我们就得想办法在拒绝的同时，让对方能够感受到我们的诚恳和真挚。要做到这一点，最简单也最有效的方式就是给予补偿。

有个成语叫作"献可替否"，意思就是建议人们用可行的方法去替代一些不应该或者不能做的事情。当别人提出的请求我们无法做到时，可以主动给予对方一些其他方面的帮助，以此来委婉地表示拒绝，同时补偿拒绝给对方带来的部分伤害与失落，这种拒绝的方式可以称为"补偿式拒绝"。

前阵子，王洋的好哥们儿李锐突然忧心忡忡地跑来找他，吞吞吐吐地问他："洋子，咱是铁哥们儿吧？"

一听这话，王洋就感觉有些不对劲，担心地问道："这还用说，咱俩这关系，谁跟谁啊！怎么突然这么问？发生什么事了？"

李锐欲言又止半天，才终于说道："唉……还能有什么事，不就是结婚买房嘛……你也知道，我和慧慧在一起这么多年了，原本我们计划好，年底要把婚事给办了。可慧慧妈说了，不搞定房子问题，就不许结婚。我的情况你也知道，哪儿来的钱买房啊？把我自个儿卖了怕是都不成，我真是不知道该怎么办了，就想着能不能先找哥几个借点钱，解决一下房子的问题……"

听了李锐的话，王洋有些犯愁，倒不是他舍不得借钱给兄弟，只是他自顾不暇呢，哪里有闲钱借给李锐。可如果一口回绝的话，难免李锐多想，伤了彼此的感情。于是，王洋想了想之后，便试探着问李锐："那现在，你和慧慧的存款加起来，够不够一个房子的首付啊？"

李锐皱眉想了想，点点头应声："差不多吧，看要付百分之几了，大概还能剩点。"

王洋一拍大腿："那不就得了么！还纠结什么啊！你们现在完全可以开始找房子了，到时候首付一交，剩下的贷款慢慢付，利息也不算太高。我和女朋友也打算要结婚了，前阵子刚看好楼盘，你要有兴趣我带你一块去瞧瞧。"

听了王洋的话，李锐眼前一亮，终于如释重负地露出了笑容，不再提借钱的事了。

王洋拒绝李锐的方法就是我们前面所说的"补偿式拒绝"的一种。虽然自顾不暇的他没办法为好友提供所需要的帮助，但他确实尽了自己的力量，帮好友想了另外一个解决问题的办法。可谓诚意满满，既维护了友情，又为朋友提供了帮助。

除了这种"献可替否"的拒绝方式之外，"置换法"也是补偿式拒绝的一种有效方式。简而言之，所谓"置换法"，就是当有人向你提出某些要求，而你无法达成或是不愿意做这件事时，可以通过向对方推荐其他能够为他们提供帮助的人的方式，来代替直接拒绝对方。

比如，在工作时，如果总有人来请你帮忙，而你却因为某些缘由想要拒绝对方，又希望彼此的关系不要闹得太僵，那么完全可以告诉对方："这方面我也不是很擅长，某某比我强多了，要不你去拜托他看看？"当然了，这一招也存在风险，尤其是如果你所推荐的这个人并不愿意插手这件事情的时候，很可能会因此对你产生嫌隙。

既然可以把请求"置换"到别人身上，那么当然也能"置换"到自己身上。人都有一种补偿心理，在某件事上无法得到满足的时候，如果对方在另外的事情上给予了一些补偿，那么受伤的感情是很容易被安抚的。

人生在世，总有寻求他人帮助的时候。对于那些自己确实能够做到的事情，我们自然不该拒对方于千里之外；但如果对方的请求已经超过了我们可承受的范围，或与我们的观念不符，即便碍于情面，我们也不能随便答应。这种时候，不妨利用补偿式的拒绝向对方传达自己的意愿和善意，这样做不仅能够捍卫自己的权益和信念，也能保护彼此之间的情谊，避免双方在感情上产生嫌隙。

委婉地说"不"，也是一种尊重

人人都知道顺耳的话好听，也容易说。但不管是在工作上还是在生活中，我们总会不可避免地遇到一些无法接受或者不认可的事情，这种时候，我们也就不得不把拒绝说出口了，否则很可能会让自己陷入窘迫的境地。

与人交往，我们不可能永远不拒绝别人的请求。那些总想着左右逢源的老好人，到最后往往可能什么事都做不好，平白给自己惹来一堆麻烦。毕竟，一个人的精力、体力和能力都是有限的，不可能将方方面面都考虑周全。所以，与其等到最后无法交出预期的成果，倒不如最初就勇敢地将拒绝说出口。

语言是一门艺术。它的精妙之处就在于，同样的意思，只要换一种表达的方式，就能给人带来完全不同的感觉。因此，即便是拒绝的话，用不同的方式说出来，也能让人产生完全不同的感受和情绪。

有一个词叫作"婉言谢绝"，这个词是非常有意思的。如果我们将这个词里的四个字拆开，再逐一解释，会发现一个非常浅显直白的道理：只有懂得把拒绝的话委婉地说出来，才能在拒绝别人的同时保住双方的颜面，把对对方的伤害降到最低，这样我们才可能得到别人的谅解。

在这一点上，曹雪芹笔下那个我见犹怜、冰雪聪明的林黛玉绝对是个中高手。除却敏感、悲观的性子之外，林黛玉在某些时候的表现很值得我们学习、揣摩。

在初进贾府的时候，林黛玉到了邢夫人那处。当时邢夫人热情地留她吃晚饭，但林黛玉这个人是非常敏感和懂礼的，尤其是今后要寄人篱下，更是"步步留心，时时在意"，生怕行差踏错一步。所以，为了避免被其他人背后指责议论她不懂礼数，林黛玉便婉言谢绝了邢夫人的好意。

这个时候，林黛玉的话说得就非常得体："舅母爱惜赐饭，原不应辞。只是还要过去拜见二舅舅，恐领了赐去不恭，异日再领，未为不可，望舅母容谅。"

短短几句话，说得相当精妙，既恰到好处地表达了对邢夫人的尊重和感激，又从侧面展现了自己的懂礼节、知进退和识大体，从中可见林黛玉之聪慧。

林黛玉对邢夫人留饭的婉言谢绝是非常经典的模式，先向对方表示尊重和感谢，给对方留足面子，铺好台阶，然后再用间接的方式表示拒绝，让对方知道你的拒绝是出于无奈，而不是自己不愿意配合。同时再加上几句措辞优美的惋惜和感慨，如此便不会伤害到对方的感情和积极性，也让对方更容易接受。

懂得委婉地表达拒绝的意思，这实际上是一种对他人的尊重。情商高的人之所以能够拥有好人缘，很重要的一点就在于他们非常懂得体谅别人，在说话做事时能够换位思考，照顾别人的情绪。这是一种成熟的表现。

那么，我们要如何做，才能让拒绝变得委婉一些，让对方更容易接受呢？

第一，说出自己的难处。

在拒绝对方时，不妨大方坦承自己的难处，让对方明白，我们拒绝的理由究竟是什么。通常来说，我们可以从两个方面入手：一是自身硬件条件的不足，比如资金、技术等；二是涉及原则的问题，比如规章制度或者法律条文等。

第二，让对方明白所提要求的过分之处。

如果对方提出的要求比较过分，那么在拒绝的时候，就应陈述清楚理由，让对方将心比心地去思考，明白他所提要求的过分之处。只有这样，才能让对方明白，自己并不是任人宰割的"冤大头"。下次再遇到类似的状况，对方才会有所顾忌，不再轻易提出过分的要求。

第三，先赞后否。

先赞后否是委婉拒绝常用的手段之一。任何人在遭人拒绝时，心中必然都会感到不舒服，尤其是那些脸皮薄、爱面子的人。这种时候，如果我们在表达拒绝的意愿之前，能够先给对方一颗"甜枣"，安抚好对方的情绪，之后再表露拒绝的意思，就不会那么难以令人接受了。

第四，开个玩笑，幽默化解。

很多时候，为了顾及彼此的颜面，人们在向别人提出请求之前，往往都会先试探一下，然后再决定要不要将事情挑明来说。在这种情况下，我们自然也没必要上纲上线，可以用开玩笑的方式把拒绝的意味传递出去，这样不仅能够避免双方陷入尴尬，同时也向对方表明了自己的立场。

让对方主动收回请求的措辞

　　我有个朋友曾这样感叹："求人是件难事，但当别人有求于你，而你却不得不拒绝的时候，同样也是让人头痛万分的事情。每个人都有自尊心，都希望能得到其他人的重视。但我们也并不愿意因自己而使别人不痛快，所以拒绝别人的话其实也是很难说的。"

　　确实，拒绝别人也是一件需要勇气的事情。谁都有过遭到拒绝的经历，都能明白拒绝给人带来的痛苦和失望有多么深重。但人生在世，总躲不开"拒绝"二字，既免不了会被拒绝，也免不了要拒绝别人。毕竟谁都不可能去迁就所有人，满足所有人。而我们唯一能做的，便是尽可能减少拒绝给我们双方带来的伤害。

　　关于这一点，钱锺书的遭遇或许能给我们一些启示。

　　众所周知，《围城》是钱锺书的代表作之一，也因为这部作品，钱锺书收获了一大批书迷。

　　有一回，一位来自美国的女士通过各种渠道，千方百计地和钱锺书取得了联系。她表示自己是钱锺书的书迷，尤其喜欢《围城》这部作品，希望能够与钱锺书见上一面。

钱锺书向来淡泊名利，也并不想和这位陌生的女士有过多牵扯。但毕竟是自己的书迷，也是抱着对自己的喜爱之情才提出邀约的，如果直截了当就拒绝对方的会面，恐怕会伤害那位女士的感情。于是，钱锺书想了想，笑着对电话那头的女士说道："假如有一天，你吃到一个味道极佳的鸡蛋，那么享受这个鸡蛋带给你的美味体验就好了，何必非要和下这颗蛋的母鸡见一面呢？"

钱锺书幽默的话语让那位女士不禁笑了出来，她听懂了钱锺书拒绝见面的暗示。虽然心中有些遗憾，但这位女士最终还是收回了自己的邀请，表示会继续支持钱锺书的作品。

钱锺书真是位情商极高的绅士。在向这位女士传达拒绝的意思时，钱锺书用一种生动而形象的比喻，婉拒了女士的邀约。这样做既能避免直接伤害到女士的感情，不至于让对方难以接受，又能委婉地表达自己的拒绝。能将拒绝的话说得这般幽默风趣，可见钱锺书情商之高。

在生活中，我们会和各式各样的人打交道，也会面对许多来自他人的诉求，这些诉求中有我们乐于接受的，也有我们不愿接受的；有我们能力范围内可以做到的，也有超出我们所能承受的极限的。乐于接受并且能够做到的事情，自然是义不容辞，至于那些不愿接受或超出我们能力范围的，当然就只能果断但语气委婉地拒绝。

　　一位口才专家曾这样说过："语言的博弈，最好的办法就是借力打力，让对方不战而败。"拒绝也是这样，客观而言，拒绝本身就是一件不甚愉快的事情，而最成功的拒绝莫过于让对方知难而退，主动收回请求了。

　　林先生的小舅子是个不学无术、好吃懒做的人，都二十几岁了，还没个像样的工作，成天闲游浪荡。为了帮妻子和岳父分忧，林先生只得在自己公司给小舅子安排了个无关紧要的职位，权当让他领份工资混日子了。

　　进入林先生的公司后，小舅子倒是比从前好了许多，虽然迟到早退是常事，但至少没有无故旷工。做父母的，谁都有望子成龙的心思，林先生的岳父同样不例外，哪怕知道自己家儿子是个什么样的人，也还是希望他能有所改变，哪怕只有一点希望也不想放弃。

　　前阵子林先生公司的采购部经理因为私人原因辞职了，这个职位空了出来，林先生便决定开个公司内部的竞岗会，提拔一个基层员工来管理这个部门。采购部是公司很重要的一个部门，而且林先生公司做的主要是国外渠道的生意，所以需要采购部经理经常出国，对其外语水平也有很高的要求。于是，林先生的小舅子就盯上了这个位子，当然，他也知道自己的能力有限，要真的走竞岗路线，恐怕连第一关外语都过不了。所以，小舅子决定回家求助，让亲爹和亲姐帮忙搞定姐夫。

爱子心切的岳父第二天就约了林先生吃饭。虽然知道是场"鸿门宴"，可林先生也不能驳了岳父的面子，只得硬着头皮赴约。

饭桌上，林先生突然灵机一动，和岳父聊起了最近某卫视热播的一部电视剧。岳父平时喜欢陪着老伴看电视剧，这部热播剧自然也是天天在追。

林先生说："以前我就在想，男主角的国家当年要钱有钱，要人有人，怎么就打不过女主角所在的国家呢？看了昨天播的那集，我算是明白过来了。"

岳父饶有兴致地问道："哦？怎么说？"

林先生笑道："昨天那集里，男主角国家的那个将军，明明知道自己的表弟不堪大用，可还是任人唯亲，你瞧，有多少纰漏都是那家伙弄出来的啊？说到底，男主角的国家之所以会失败，那是从内部和根上出了问题。争权夺利，任人唯亲，长久不了。"

听了林先生的话，岳父若有所思。那天晚上，直到饭局结束，岳父也没有和林先生提让儿子做采购部经理的事。

林先生很清楚地知道，不管自己多么有理有据，一旦岳父提出的要求被自己拒绝，那岳父心里必然会不高兴；岳父不高兴，老婆肯定也不高兴；老婆不高兴了，最后还不是得自己不高兴。但林先生也绝对不可能为了让大家痛快就拿自己的事业开玩笑，把重要的职位交给不靠谱的小舅子。所以，他非常机智地借用了

岳父在追的热播剧剧情，在岳父开口之前，就隐晦地透露了自己
的立场。

　　可见，拒绝这回事是讲究技巧的，说得好才能避免人与人之
间产生伤害和隔阂。

第八章

赞美越具体越显真诚

在这个世界上，有谁不喜欢被人赞美吗？即便脾气再古怪的人，也喜欢听别人的赞美。但是，赞美听得多了，往往会产生抵抗力。在这个所有人都不吝啬赞美他人的社会里，要如何将赞美说得高级就成了我们必须学习的本领。

好感原理：成功的交流，从赞美开始

想要获得别人的好感并不难，学会赞美别人就行了。回想一下你周围那些时常令你有好感的人，然后把你和他们相处的日常都迅速回忆一下，找找看这些人的共同点——发现了吗？他们未必全都能言善辩，但一定都很会夸人，总是会说一些让人听了就高兴的话。

从情感角度来说，人们之所以会对他人产生好感，主要是源于两大因素：一是相似，二是赞美。

"物以类聚，人以群分。"两个人之间如果在生活习惯或者观念、思维等方面存在一定的共同点或相似之处，往往就会从心理上把对方归入自己的阵营，自然也就会产生亲近感和好感。这一点是可遇而不可求的，毕竟你不知道自己会遇到什么样的人，你也无法决定你们之间的相似之处是什么。而赞美则完全是我们可以掌控的。

大部分人都喜欢听好话，喜欢被别人称赞。回想一下你每一次冲动消费，是不是大多数时候都有店员在一旁推波助澜：

"这身衣服太适合您了，您穿着真好看。"

"您身材真好，完全可以驾驭这件衣服，太好看了！"

"您眼光真好，这是我们店里最有特色的一款包了，就这一个，限量版！"

"您真是太有品位了，这个真的特别适合您。"

……

这些赞美多么悦耳动听啊！自然听到这种赞美后，冲动消费就产生了。瞧，赞美是多么实用而有效的交际手段。你只需要张张嘴，说些好听的话，立马就能让对方欣然接受你的观点和意见。

有心理学家经过调查发现，在那些成功的推销案例中，有超过80%的售货员是通过不遗余力地赞美顾客来促成交易的。而促成这些交易成功的原因是，当我们听到别人赞美的时候，往往就会自然而然地对赞美我们的人产生一定的好感和信任。而一旦形成这种好感度和信任度，人们往往就会更乐于接受赞美者的意见和想法。

赞美是一种非常重要的语言技巧，并不是只要张嘴说好话就行。好的赞美，不动声色，却让听者心情愉悦；而不受人喜欢的赞美，一不小心就会让人觉察出虚伪和谄媚，反而会让别人产生厌恶心理。

那么，什么才算好的赞美呢？好的赞美要达到两点：一是要言之有物，二是要夸到关键点上。言之有物才能体现出赞美的真诚，而夸到关键点上才能让赞美的效果事半功倍。

小陈是公司的金牌推销员，非常善于察言观色。

有一回，一位客人来看乳胶漆，小陈注意到这名客人有时会有一些下意识的小动作，而这些小动作都是打高尔夫球时会出现的习惯性动作。小陈心底暗暗想着，这位客人应该是高尔夫球爱好者。随后，他立即走上前，笑着对客人说道："您好，今天天气不错，您怎么没有去打高尔夫球呢？"

听到这话，客人脸上露出惊讶的神情，疑惑地问小陈："你是怎么知道我喜欢打高尔夫球的？"

"您的动作，"小陈笑道，"我从您的这些小动作看出来您绝对是一位打高尔夫球的高手。"

客人笑了起来："你说得对，我确实很喜欢打高尔夫球……这款乳胶漆是什么价格？"

小陈看了看："300元。"

客人皱了皱眉："有点贵了。"

小陈面带着微笑，诚恳地说道："主要是您眼光太好了，这是我们店里最贵、品质最好的一款乳胶漆。"

见客人似乎还在犹豫，小陈趁热打铁继续说道："关于产品的品质，您完全可以放心。我们公司还提供免费的配送服务，您需要将货物送到哪里？"

客人："××花园。"

小陈："那里是本市有名的小区之一，里面环境特别好，您可真是有品位！"

最后，小陈顺利拿下了这笔订单，而且客人也很满意。

小陈不愧是金牌推销员，与客人说的每一句话，都在夸赞对方。"打高尔夫球的高手""眼光好""有品位"……每一句赞美都藏在看似普通的对话之中，也难怪客人会喜欢和小陈聊天。

赞美，要从细节着手

　　一位著名的心理学家说过："渴望被人赏识是人最基本的天性。"人人都喜欢听赞美的话，但前提是这种赞美必须是真诚的，不是空泛的敷衍，或虚伪的谄媚。

　　有管理学家就曾建议过："赞美别人的时候，最好能够回想起某个特定的情况，并描述出对方具体的行为或举动。"因为赞美越是具体，越是显得真诚。比如你对一位女士说上一百遍"你人真好"，或许还不如一句"你有一双非常漂亮的眼睛"更令她心花怒放。毕竟"你人真好"这样的描述实在是太过空泛，放到谁身上都适用，不免让人觉得有些敷衍。

　　所以，在人际交往中，想要让赞美获得你想要的反馈，就要学会从细节入手，具体而详细地说出对方的长处。这种言之有物的赞美才能让对方感觉到我们的诚恳。

　　曾看过一个笑话。

一位中国商人带着妻子和翻译前去接待一名外商。这名外商见到中国商人的妻子后，由衷地赞叹道："您的夫人真是美丽！"

听到外商的夸奖，中国商人习惯性地谦虚道："哪里哪里！"

站在一旁的翻译一时之间没反应过来，不知道该怎么翻译出中国商人自谦的意思，结果脑子一热，直接翻译出了："Where（哪里），where？"

外商一听也愣住了，心想：我夸奖你夫人漂亮，你怎么还非得问我到底哪里漂亮……于是，外商只得笑着认真地说道："很多地方都非常漂亮，眼睛、鼻子、嘴巴都很漂亮，身材也好，气质也佳……"

虽然这只是个小笑话，却给了我们一个非常深刻的启示：在赞美别人之前，先找到对方身上值得赞美的具体细节，开口之前，记得在心里先问一句"Where？"。

人们喜欢听赞美的话，是因为渴望自己能够被别人认可，自己身上的闪光点能够被别人看到。比如，当你付出艰辛的努力，终于减肥成功之后，别人夸你一句"最近瘦了好多"，这要比其他好话更能让人开心。因为这会给人一种"他是真心在关注我"的感觉。

要做好细节化、具体化的赞美，可从以下几个方面着手。

第一，赞美对方得意的事。

每个人都有自己感兴趣并擅长的事，他们在这些事上取得的成绩往往是他们内心最引以为傲的东西。这些事可能都非常小，也非常平凡，比如可能是擅长做某一道菜，或者擅长剪纸，甚至是擅长折纸飞机，等等。

如果我们在赞美对方时，能抓住这些让他们内心引以为傲的事情，进行具体的、有指向性的赞美，那么一定能获得对方的好感，把赞美的效果发挥到极致。

第二，记住对方说过的话。

很多时候，人们总是会在不经意间就说出一些很有道理、掷地有声的话。这些话说过之后，可能很快就会被人遗忘，就连说的人或许也不会再去留意。在这种时候，如果你能记住这些话，并在适当的时候提起，用来表达对对方的赞美，一定能够让对方记住你，对你好感大增。毕竟连这种随意说出的话都能记住，说明你不仅细心，还非常关注对方，你的赞美也会因此而显得十分真诚。

当然，如果你不仅提及对方曾说过的这些话，并且还确实按照这个意思去做了，那么这种身体力行的效果自然也就更加显著了。

第三，关注细节。

细节往往正是最打动人心的地方。德国一家银行的广告语曾风靡全球，赢得了许多人的好感。这句广告语是这样说的：你过你的日子，我们为你照顾细节！

一位哲人说过："任何细枝末节都可能具有极其重大且特别的意义。"而最容易被人们忽略的，往往也都是细节。如果我们在赞美别人的时候，能够留意到这些看似平常的小细节，相信一定会让对方大吃一惊，你的赞美也将因此更加深入人心。

比如当你想要夸奖一个人细心温柔的时候，如果仅仅说出这么一个形容词，那难免会让这句赞美显得有些空泛和敷衍。但这个时候，如果你能回忆起某些细节，比如"那天水龙头没被关紧，大家都没注意，闹着就走了，只有你回过头去把水龙头拧紧了。那时候我就觉得，你是一个特别细心、特别好的人"。这样的细节一出来，你对对方的赞美也就显得真诚多了。更重要的是，连这样一件小事都能留意并且记住，说明你确确实实是在关注对方，这也会给对方带来莫大的满足感。

称赞是为了让对方更高兴

我们称赞一个人，目的是让对方高兴，从而博得对方的好感，拉近与对方的距离。而要实现这个目的，我们就得明白对方喜好什么、在意什么、重视什么。只有搞清楚了这些，称赞到点子上，才能真正让对方心花怒放，从而提升对我们的好感度。

一位职业培训专家就曾说过："每个人都有'心锁'，锁着的正是他们最在意的东西，一旦我们能够找到打开这把'心锁'的钥匙，那么就能将别人的意愿掌握在手中。"

美国耶鲁大学的威廉·菲尔普斯教授曾讲述过自己亲身经历的一件往事：

那时候我八岁，有一次周末，我在莉比姑妈家玩。那天，姑妈家有一位男士前来拜访。那位男士西装革履，看上去彬彬有礼。

在和姑妈进行了短暂的寒暄之后，他看到了正坐在客厅抱着帆船模型爱不释手的我。那个帆船模型还是上一次我在姑妈家和表哥一块组装完成的。

那位男士似乎对我手里抱着的帆船模型十分感兴趣，和我坐在一起聊了半天。聊天过程中，我几乎挖空了所有自己知道的有关帆船的知识，并且如愿获得了那位男士的称赞，这让我感到非常愉悦和兴奋。当那位男士与我告别离去的时候，我感到十分依依不舍，仿佛那是我多年未见的老友一般。

晚饭时，我兴致勃勃地对姑妈说："今天那位叔叔可真是个好人，他也很喜欢帆船，还夸奖我了！他是在船舶公司上班吗？"

令人意外的是，我的猜测完全错误了。姑妈笑着告诉我："事实上他是一名律师，而且据我所知，他对帆船毫无兴趣。"

对于这个答案，我实在难以相信，急切地追问姑妈："是真的吗？您确定他对帆船真的一点儿也不感兴趣吗？怎么可能呢！我们聊了一下午帆船，他还夸我很厉害，知道这么多关于帆船的事情。"

姑妈温和地笑着说道："那是因为他是一位极有智慧，并且情商很高的人。他发现你对帆船感兴趣，为了让你高兴，便和你谈论这个话题，并给予你恰当的称赞。当然，他愿意这样做，也是为了让自己更受别人的喜爱和欢迎。而事实证明，他非常成功。瞧，你现在不就对他很有好感吗？"

在回忆完这件往事之后，威廉教授说："我一直铭记着姑妈说的话，并且也明白了怎样做才能让自己更受欢迎。"

其实在生活中，很多人都有过类似的经历：当别人和你谈论你感兴趣的话题时，你的内心会非常兴奋，并且涌上一种强烈的表达欲望。这时候，如果对方愿意倾听你说话，并且适时表示认同和称赞，那么你一定会产生一种前所未有的满足感。而对这位给你带来满足感的谈话对象，自然也是好感度急速上升。就像威廉教授对那位愿意花时间和他谈论帆船，并给予了他赞赏的男士一样。

每个人在意的东西都不一样。如果你谈论的是对方毫不在意的东西，那么即便称赞的话听起来再好听，能带给对方的满足感和愉悦感也是极其有限的；相反，如果你称赞的正是对方最引以为傲的，那么这种被肯定的心情所带来的满足感和愉悦感就非常可观了，效果可能会直接呈几何倍数增长。

比如一位女士，一直以自己的工作为傲，并且最近刚完成了一个非常厉害的项目。而你见到她之后，却称赞她"衣服和鞋子的搭配非常棒"，诚然，这样的称赞也会让她感到愉悦，但这种愉悦是极其有限的，尤其是在这个时间点上。如果再有一个人站出来，称赞这位女士"你刚完成的项目实在太棒了"，那么你的称赞恐怕瞬间就会黯淡无光了。接下来，你大概就会看到他们相谈甚欢，而你也许只能成为一个"背景板"了。

　　所以说，称赞是个技术活，技术到不到位，直接影响了称赞的效果。而我们称赞别人，除了发自内心的敬佩和欣赏之外，更重要的是希望这样的话语能够让对方开心，给对方带来愉悦感。因此，在称赞对方之前，我们应该做的是找到对方的兴趣点，知道对方最引以为傲的东西是什么，拿到了这把"钥匙"，打开对方的"心锁"，才能达到事半功倍的效果。

情商高的人是这样夸人的

赞美，其实本质上就是说好听话、说漂亮话。

有人可能会说，那还不简单，不就是说好话夸人吗？再不济，背上几段，见人就拿出来套用。但再好听的话也禁不起一遍遍用，这就好像嚼口香糖，刚开始嚼很甜，可嚼了一会儿之后，再反复嚼，只会越发索然无味，嚼得久了，还会让人恶心反胃。

夸人是个技术活，得变着花样来，还得看人来，不能总说一成不变的话，更不能没有针对性，见谁都夸得大同小异，这样会让人觉得你虚伪做作，不走心。像那些情商高的人，就从不会用陈词滥调去夸人。比如著名的作家、学者钱锺书，他夸人就夸得极有水平，让人过耳不忘。

有一年冬天，钱锺书受邀前往日本访问，并在早稻田大学进行了一场名为《诗可以怨》的演讲。

在演讲台上，钱锺书对台下的日本观众们说道："到日本来做这次演讲，于我来说是一个很大胆的举动。即便是一个中国学者，来这里讲的也是本国的学问，虽不必说通身都是胆，那至少也得有斗大的胆才行。之所以这么说，是因为日本对中国文化的研究成绩斐然，这是世界公认的。通晓日语的中国学者们对你们对中国文化的研究成果也是满心的钦佩，并深知想要在各位面前说出一些有价值的新东西，实在不是件容易的事。在日语方面，我堪称'文盲'，这就好像贵国的汉学宝库已经摆在了我跟前，可我既不知道开锁的密码，又没有能打开锁的钥匙，只能看着这个巨大的保险箱子发愣啦！"

钱锺书诙谐幽默的话语让众人都笑了起来，现场气氛一片轻松和谐。这时，钱锺书又接着继续说道："但是，无知者无畏，盲目与无知往往正是滋生勇气的源泉。故而在意大利，有这样一句嘲笑人的俗语：他发明了雨伞。"

日本听众们茫然地看着钱锺书，显然不太明白这句话的意思。钱锺书微微一笑，解释道："相传在意大利有一个小镇，镇上住着一个很傻的人。有一天，这个人正在路上走的时候，天下起了雨，恰好他带着一根棒子和一块布。急中生智之下，他用棒子撑着布举到了头顶上。回到家以后，他惊讶地发现，自己居然没怎么被雨水淋湿。这个人就心想：我可真厉害，为人类做出了贡献。他觉得自己的创举必须得公之于世，于是便兴冲冲地带着棒子和布去了城里的发明品专利局，打算向他们报告和展示自己的伟大新发明。局里的工作人员在听完他的来意之后，一边大笑着，一边抽出一把雨伞递给他，让他仔细看个清楚。"

钱锺书话音刚落，日本观众们又爆发出了一阵笑声。最后，钱锺书微笑着对众人说道："今天的我其实就好像故事里的那个土包子一样，孤陋寡闻，没有见识过'雨伞'。但这也没关系，在找不到可以躲雨的屋檐时，用棒子撑着布也不失为一个应急的好办法啊！"

听完钱锺书的话，场上爆发出了经久不息的掌声。

仔细品读钱锺书的话，会发现他其实一直在称赞日本。这种称赞是非常有分寸的，并且也做到了言之有物。钱锺书很了解日本的优势在哪里，对听众的水平也有一定的了解，所以他的每一句赞美都不会让人觉得是客气或者敷衍。更重要的是，钱锺书的赞美方式非常特别，没有那些繁杂的陈词滥调，也不会过分吹捧，引起别人的反感，可谓独具一格。

赞美想要赞出新花样其实并不难，以下几种方法或许能为你提供一些帮助和参考。

第一，旁敲侧击。

情商高的人很少会平铺直叙地夸奖人，因为过于直接的赞美听多了便容易显得"假大空"。所以，在夸奖人的时候，不妨采用旁敲侧击的方式，"润物细无声"地把赞美说出来。比如我们可以夸奖对方家庭和谐或工作优秀等，这远比一句空泛的"你真优秀"要好得多。

第二，赞美要创新。

夸奖也得有新意。别总在嘴上挂着让人听得腻烦的陈词滥调，比如久仰大名、如雷贯耳、闻名不如见面……这一类经常出现的恭维词汇还是避开比较好，这样的夸赞说出来实在太过于像万金油，很难赢得别人的好感。

第三，善用幽默。

夸奖人也要记住，过犹不及，一定要把握好赞美的度，否则很容易就会给人一种谄媚的感觉。为了避免出现这样的情况，不妨在赞美中加入一些幽默元素，以调侃的方式把赞美自然而然地说出口。有了幽默的调剂，自然也就冲淡了恭维的意味。

背后赞美，往往更能打动人

在背后赞美别人往往比当面赞美更能打动人。真诚而直接的赞美固然令人心花怒放，但如果用词不当，或者把握不了度，则可能会将这种赞美变成阿谀奉承，反而给别人留下不好的印象。但如果是在背后赞美别人就不同了，你不需要担心可能出现的临场失误，更重要的是，因为你并没有直接在当事人的面前说出赞美的话，所以不管用词多么夸张，都不会显得露骨和虚伪，真诚度也会大大提高。

我们可以来设想一下这样的情况：

某天，你和一位朋友到某家餐厅吃饭，你的朋友和这家餐厅的经理非常熟稔。他们两人以前不仅是大学同学，还住在同一个寝室。因此，吃饭时，经理肯定是要露面来打个招呼的。

经理来了之后，和朋友寒暄完，然后对你说："久仰大名，听说您是位作家，我非常喜欢您的作品，真是闻名不如见面啊……"

当然，经理的溢美之词会让你感到高兴，但这种高兴估计持续时间不会太长。毕竟像这样的恭维你听得也不少了，其中究竟有几分真诚，还真是说不准。

但如果换一种方式：

经理在和朋友寒暄完之后，对你说："原来你就是他常常提起的那位大才子朋友啊！总算是见到真人了。你不知道，这家伙总跟我们一群朋友显摆，说他有一个交情很深的大才子朋友，妥妥的文化人，出口成章，下笔有神。可把我们羡慕的！"

这么说显然比当面的礼貌性恭维要更令人舒坦。最重要的是，你听完这话估计心里对你的这位朋友的感情也会更加深。虽然他可能从来没有当面和你说过这些话，但原来在背后，他在别人面前一直不遗余力地称赞你，这怎能不让人动容呢？

这就是间接赞美的效果。

《红楼梦》中也有一段关于间接赞美的描写：

当时，史湘云和薛宝钗一同劝说贾宝玉，让他好好读书，以后考个功名去做官。贾宝玉对官场的事情一直是非常反感的，听到了这话自然也不开心，于是就板着脸对众人说道："像林姑娘就从来不会说这样的混账话。要是她也说这种混账话，恐怕我与她早就生分了。"

贾宝玉说这话的时候，恰巧林黛玉走到了窗外，把这些话都给听进去了，于是心里"不觉又惊又喜，又悲又叹"。随后，二人互诉衷肠，更加亲近了。

我们知道，林黛玉是个非常敏感的人，假如贾宝玉的这些话是当着她的面说的，那么她可能会认为，贾宝玉说这些话，不过是为了讨好或者打趣她，未必就是他最真实的想法。而现在，这番话是自己在偶然的情况下听到的，是贾宝玉在自己背后对别人说的，他并不知道自己可能会听到。可见，这些称赞并不是刻意为之，那么真实性就大大提高了。

间接赞美除了可以更加彰显赞美的真诚之外，也能帮助我们规避一些当面赞美可能带来的负面影响。比如，当你想要对别人表达自己的崇拜之情时，当面赞美一不小心就可能被人曲解为讨好和奉承。但如果这种赞美变成间接的，那情况就完全不同了。大家会下意识地认为，本人都不在跟前，你还对他赞美不止，可见是真的崇拜他、欣赏他。殊不知，即便是在背后说的话，也总有一天会传到被称赞者的耳朵里，而且，这种通过第三者传达过来的称赞，往往能够给人带来更大的满足感和愉悦感。

除了这种不当面的背后式赞美之外，我们还可以利用一些语言的表述技巧，对对方进行间接式赞美。这种间接的赞美方式同样能够带来意想不到的效果。在这里，我讲述几种当面进行的间接赞美方式，以供大家参考。

第一，转移式赞美。

通过赞美别人来表达对对方的赞美，这就是转移式赞美。比如，当你想称赞对方声音好听的时候，你可以说："昨天我打电话的时候，接电话的人是谁啊？声音可好听了。是你吗？"这种方式往往会让人觉得更自然也更真诚。

第二，推理式赞美。

推理式赞美也是一种非常实用的间接赞美小技巧。比如你想称赞一个女孩长得漂亮，如果你直接当面这么夸她，可能会让她觉得你只是在恭维她。但如果你对她说："你的眼睛随谁？像你爸爸还是你妈妈？"

"大家都说比较像我妈妈。"

"那你妈妈的眼睛一定也非常漂亮。"

这种称赞的话就很让人暗自窃喜。乍一听夸的是女孩的妈妈，但只要细想，夸的是谁便可想而知了。

第三，似贬实褒式赞美。

某个村子在村主任的带领下富裕了起来。在村民们纷纷夸奖村主任的时候，一个聪明的农民突然大声说道："唉，要我说啊，都是主任的错。要不是主任让村里人都富裕了起来，咱们怎么会丢掉艰苦朴素的奋斗作风，花钱变得大手大脚起来呢？"

这种似贬实褒的称赞不但给被称赞者留下了深刻印象，而且用一种特别幽默的方式称赞了对方，从而淡化了吹捧的痕迹。

请教式称赞，让对方更有成就感

某高校计划修建一座现代化的电教大楼，大楼修建完毕之后，必定要补充很大一批器材。这个消息刚放出去，就有不少厂家找上门来，想尽办法向校方推荐自家产品，试图拿下这笔大生意。

在得知校方把器材采购的事都交给了张教授负责之后，各厂家的销售人员开始想尽办法与张教授接触。为了做成这笔买卖，有的销售员天天跑来纠缠张教授；有的销售员则锲而不舍地向张教授讲述他们的产品到底有多么多么好；还有的销售员干脆直接在价格上进行了很大的让步……

就在众人都各显神通地讨好张教授时，其中一个工厂的负责人罗先生却剑走偏锋地出了奇招。他给张教授写了一封信，邀请张教授到工厂参观，并提出请求，希望张教授能够以专家的身份，帮忙看一看工厂最新设计的，打算在年底开始投产的一套电教设备，并给予一些改进意见。

收到信后，张教授感到非常荣幸，一口答应了罗先生的请求。而且，作为这方面的专家，张教授也非常期待罗先生提到的这批新设备，迫不及待地想看看这批设备有什么特别之处。

在罗先生的陪同下，张教授参观了工厂，并亲自测试了尚未投产的新设备，提出了一些改进意见。罗先生非常感激，之后还特意送了张教授一面锦旗，并诚恳地提出想要聘请张教授做他们的特别顾问。

虽然张教授最终婉拒了罗先生的聘请，但不久之后，张教授就主动联系了罗先生，决定购买他们工厂的电教设备。更令人惊喜的是，之后不久，张教授还主动牵线，介绍朋友到罗先生的工厂预定了一批新设备。

人们喜欢听赞美的话，是因为心底有着被别人认可和欣赏的渴望。那么，还有什么能比别人跑来向你请教，希望能得到你的建议或意见更能表达对方对你的认可与欣赏呢？当面的夸赞，话说得再好听，也可能存在客气和吹捧的成分；而若是对方愿意向你请教，并最终按照你的意见去行动，那肯定说明对方确实是认可且敬佩你的能力的。这种直接用实际行动展现出来的称赞，往往能够带给人们更大的满足感和成就感。

就像罗先生，当其他的销售员都想方设法地去讨好甚至利诱张教授的时候，他却直接用行动表明了对张教授专业能力的肯定。这种讨好简直是无声胜有声。没有任何天花乱坠的称赞，却又让张教授从中获得了非常大的成就感。

可见，每个人都很乐意能够拥有一个一展所长的机会。利用这一点，当你想要让某人对你产生好感的时候，与其搜肠刮肚地说尽好话去夸奖对方，倒不如以请教的方式，用行动表达你对对方的认可与尊重，同时也给对方一个一展所长的机会。这样，双方就都能得偿所愿了。

需要注意的是，在使用请教式的称赞时，必须对对方有一定的了解。请教对方擅长的事情，这样才能让对方真切地体会到成就感和满足感。否则，如果你所请教的问题恰恰是对方不擅长的，那么彼此的互动往来就很难继续下去了，甚至可能因此让对方产生误会，以为你的请教是故意给他难堪。

第九章

用不对幽默，还不如沉默

　　幽默是拉近人与人关系的重要纽带。一个幽默的人会轻易获得周围人的善意。可惜，这个世界上不是所有人都有幽默细胞。很多人并不能正确看待自己的能力，没有幽默细胞却拼命地"抖机灵"。这种行为不仅不能获得他人的好感，反而会招致反感。这种时候，幽默反而不如沉默。

幽默有度，玩笑才能让人笑

我之前看过这样一句话："缺乏幽默感的语言犹如一篇公文，缺乏幽默感的人堪比一尊雕像，而缺乏幽默感的家庭不过只是一间旅店而已。"确实，在人与人之间的交往中，幽默是必不可少的东西。它是智慧的象征，也是快乐的源泉。

幽默最直接的体现就是开玩笑。情商高的人开玩笑，能让所有人笑，把气氛搞得更活跃；而情商低的人开玩笑，则往往可能会过界，反而让气氛急转直下，变得糟糕。要知道，适当的玩笑的确能给生活增添不少乐趣，但凡事过犹不及，尤其是幽默，把握不好度，一旦玩笑开过头，反而会招人厌恶。

愚人节是一个开玩笑特别集中的日子。原本，在这天大家开个玩笑，耍耍小把戏，寻个开心就可以了。可有些人开玩笑不注意分寸，以至于引来不必要的麻烦。

朋友陈先生就曾在愚人节这天被人戏耍过。他对我说，如果别人跟他开一个善意的玩笑，他完全可以接受；可如果玩笑开得太过分，他就没办法接受了，甚至会跟对方撕破脸。

愚人节那天，陈先生正在上班，突然接到邻居的电话。

邻居语气急促地说："你快点到小区广场来，你的老母亲带着你儿子在广场做游戏，两个人被一条大狗咬了，情况挺严重的。"

闻听此言，陈先生慌忙跑出办公室，等不及电梯，就一口气从七楼跑到了一楼。途中，陈先生的手机又响了，邻居问："老兄，你赶过来没有？"

"我到楼下了，这就开车过去。"

"你回去上班吧，不用来了。"

陈先生忙问："怎么？你已经帮忙处理好了吗？"

邻居回答："哈哈，你的老母亲和你儿子根本没事。今天是愚人节，拿你开开心。"

陈先生连惊带吓从七楼跑到一楼，累得全身衣服都湿透了，听到邻居说只是在开玩笑，真是气不打一处来。从这之后，他跟这位邻居的关系冷淡了很多。

开玩笑一定不能过火，玩笑开得不好反而容易伤害感情，甚至会惹上麻烦。开玩笑无非是想让自己和别人都哈哈一笑，而不是你一个人笑得前仰后合，别人却被你伤害了。因此大家在开玩笑之前，一定要设身处地地为对方想一想，如果你认为对方会和你一起开怀大笑，不妨说出来把快乐一同分享；如果你也不清楚开过玩笑之后会有什么效果，还是尽量不去说好。

一天上午，公司的人来得都比较早，大家趁上班时间还没到，就闲聊起来。

女同事小菜跟大家说，她前几天配了一副近视眼镜，昨天晚上刚刚拿到货，觉得款式和质量都不错。大家从来没见过小菜戴眼镜，就让她戴上看看。小菜说，刚配的眼镜，戴起来还不适应，所以就没急着戴。她看大家满是期待，就从包里拿出眼镜戴上了。

大家打量一番，觉得小菜戴上眼镜后增添了几分文艺气质，纷纷夸赞起来。

这时，男同事大张对大家说，他看到小菜戴眼镜，突然想起一个笑话来。大张这人平时喜欢耍嘴皮子，大家猜测他说不出什么好话来，就都没接话茬儿。

大张却兴致颇高地讲了起来。

一个姑娘和闺蜜到博物馆观赏艺术作品。这个姑娘高度近视，她站在一幅作品前，对闺蜜说："你瞧，这幅画像怎么有点难看啊！"闺蜜连忙把这个姑娘拉到一旁，小声说："嘘！这不是画像，这是一面镜子。"

虽然大家平时对大张印象不太好，但还是被他这个笑话逗笑了。因为上班时间到了，大家笑过之后就开始工作了。

奇怪的是，这之后，大家再也没有见过小菜戴眼镜，而且小菜再也没跟大张交往过。

其中的原因不言自明。在大张看来，他只是讲了个笑话，而小菜可能认为：大张笑我近视眼也就算了，还影射我是个丑姑娘，真是太气人了。

可见，如果你开的玩笑让别人太难堪了，就失去了玩笑的意义，反而不如不开。如果你觉得有必要跟别人开个玩笑活跃一下气氛，就应把握好尺度，否则只能适得其反。

情商高的人，说话做事都能够把握尺度，哪怕是和别人开玩笑，也会尽可能避开让人难堪的地方，更不会去戳别人的痛处。这是一种对他人的尊重，也是一种有担当的表现。那些以开玩笑为借口，却借机对别人冷嘲热讽，把羞辱当有趣的人，是最令人反感的。千万别让自己成为这种不招人喜欢的人。

要知道，幽默有度，让所有人都笑才能算真正的玩笑，过了界，玩笑就不再是玩笑了。

不会打趣别人，那就打趣自己吧

我们在上文说过：开玩笑是个技术活，一旦把握不好度，那幽默还不如沉默来得好。其实，想展现幽默，不一定就非得去打趣别人，因为这是件挺有风险的事情，尤其是如果你并不擅长察言观色或体察别人的情绪，就很容易把打趣变成得罪人。所以，倒不如调转枪头，把打趣别人变成打趣自己。这样不仅能够提升别人对你的好感度，还可以规避得罪人的风险。

对于大多数人来说，夸奖自己是件挺容易的事情，毕竟谁都希望能把自己最好的一面展现在众人面前，获得大家的肯定和崇拜。但事实上，那些总喜欢抬高自己，认为自己完美无缺的人，恰恰都不会有多好的人缘。反而那些从不遮掩自己的缺点，甚至还会主动打趣自己的人，更容易获得别人的好感。

这其实也不难理解，既然人人都希望自己展现出来的形象是优秀的，那么如果这时候出现一个显得特别完美无缺的人，直接把自己给比下去了，谁心里会觉得舒服呢？相反，如果此时出现在身边的人，是一个很优秀，又和自己有一些共同的缺点，或许有些地方还比自己差了一点点的人，那这个人绝对是交往起来非常舒服的人了。

情商高的人往往都比较擅长自嘲，这不仅是对人们心理的一种迎合，同时也是一种高超的交际智慧。老人说："在别人嘲笑你之前，先自己嘲笑自己。"别人还没开口，你就已经主动展现了自己的不足，这样一来，谁还好意思再对你下手呢？

高老师年近四十，面临着脱发的困扰。学校里的学生们总喜欢拿高老师头发稀疏的事情来开玩笑，给他取了无数个绰号，这其中有一个难听的叫作"夜光杯"。

有一回，在距离上课还有几分钟的时候，高老师就提前来到了教室，正巧听到一群学生凑在一起开玩笑提到自己。一个背对着高老师的学生突然高声把这个难听的绰号给喊了出来。经同学们提醒他才回过头。这一下就尴尬了，同学们面面相觑。

这时，只听高老师慢悠悠地开口说道："《凉州词·葡萄美酒夜光杯》，这是我最喜欢的一首诗。'葡萄美酒夜光杯，欲饮琵琶马上催。醉卧沙场君莫笑，古来征战几人回。'写得特别好，每次念这首诗都让我深有触动。所以，'夜光杯'这个绰号，取得还蛮有诗意。想不到我的学生们和我还有这样的默契。以后我的课堂上光线会非常充足，看你们以后谁还会在我的课堂上睡觉！"

高老师的一席话让尴尬的气氛重新活跃了起来，刚才拿他开玩笑的几个学生也都不好意思地笑了起来。此后，大家再也没有叫过这个"夜光杯"的绰号。

高老师果然"高"，一番言语，不仅缓解了尴尬的气氛，同时也让学生们产生了惭愧的心理，使他们不再用这个难听的绰号来称呼自己。

不管是大人物还是小人物，懂得打趣自己，都是博得别人好感的有效方法。对于有身份地位的人来说，自我打趣会让他们显得更加平易近人，同时也能在一定程度上减少他人的嫉妒；而对于普通人来说，自我打趣则能够在一定程度上减少工作和生活带来的压力。

表面上看，用自嘲的方式打趣自己好像是在自我贬低，但实际上，这是一种彰显自己人格魅力的方式。一个真正有能力的人，打趣自己非但不会降低身价，反而能够帮助他收获更多的好感和尊重。

小美曾担任一场文艺晚会的主持人。在一次报幕之后退场下台阶时，小美一不小心踩空，滚落到台下。出现这样的情况，的确令人难堪，而观众更是一时哗然。

幸好，小美没有受伤，她马上站起身，重新上台，面带笑容，镇定地对观众说："真是人有失足，马有失蹄，我刚才的'狮子滚绣球'还不够熟练吧？看来演出会场的台阶没那么好下啊，但是台上的节目会很精彩，不信，大家瞧他们……"

　　小美出丑后，并没有刻意回避尴尬，而是利用台下和台上的关联，先以"狮子滚绣球"打趣自己，再顺势引出精彩节目，把观众的注意力转移到节目上来。小美的幽默应变，不得不让我们叫绝。

　　打趣自己也许并不是人际交往中的常用技巧，但在特定的场合下灵活使用，往往能达到很好的效果。如果你想让自己更会说话，不如多掌握这样一种技巧吧。

"高端黑"，重点在"高端"

"高端黑"是网络上非常流行的一个词，意思是指用高级、文明、幽默以及有内涵的语言和手法表达自己对某事的看法。从表面上看，善于"高端黑"的人所发表的言论似乎是赞扬，但细细一品，便会发现他们的话里其实充满了讽刺和调侃。

能被赞一句"高端黑"的人，必然都是极具幽默感的人。和这样的人聊天，就像吃麻辣火锅一样，让人欲罢不能。"高端黑"所具有的这种幽默，重点在于"高端"，和那些直白浅显的滑稽逗趣有着本质上的不同。

无数成功学和人际交往方面的专家都不厌其烦地反复向人们强调幽默在人际交往中的重要性。但很多情商低的人，其实都没有真正分清幽默与滑稽之间的区别，更有甚者，总是干着如跳梁小丑般哗众取宠的事，却还自以为幽默。

幽默的内涵是聪明、睿智，是渊博的知识储备和机敏灵巧的应对。幽默不是呆傻的搞笑，更不是庸俗的扮丑，而是一种在不经意间就能让你忍俊不禁，笑完后又回味无穷的哲理与思考，这才是幽默的意义。

有这样两个故事，我们可以来对比一下。

我家附近有一家小旅店，已经开了有些年头，价钱非常便宜，但装修不是太上档次。最近，由于连日下雨，小旅店的一些客房出现了漏雨的情况，墙体有不同程度的剥落。

旅店的一位房客很不幸就入住了一间有漏水情况的客房。他很不高兴，便找来老板生气地说："这可让人怎么忍受啊！你瞧瞧那个房间，不知道的还以为我住的是水帘洞呢！这让我怎么住……"

老板的小旅店走的是便宜实惠路线，而且房间虽然确实存在漏水的情况，但其实并没有房客说的那么夸张。更重要的是，房间基本上都已经订出去了，旅店没有多余的房间换给客人。于是，老板只能满脸同情地拍拍客人的肩膀，安慰道："您就不要再埋怨啦，要知道，这个价位的房间，也只能漏水了，漏不了葡萄酒哇！"

无独有偶，另一位住店的房客也因为房间漏水的问题向前来收拾房间的服务员抱怨。服务员瞥了一眼房客，说："舍得花钱就能去对面富丽堂皇的大酒店住了，什么都不会漏。"

房客一听这话十分愤怒，与服务员大吵了一架，还在网站上给这家旅店给了个差评。

虽然老板和服务员都是想表达同样一个意思：房费便宜，所以房间条件也就只能如此了。但显然，老板的话语更加委婉幽默，客人即便不满也不至于会真的生气；服务员则不同，他的话里满满都是对房客的讽刺，显得滑稽又小气，让房客原本就不甚明朗的心情变得更加糟糕了。

幽默是一种智慧，也是一种技巧，不是靠依样画葫芦就能学来的。学识与智慧是生产幽默的"原材料"，如果没有这些东西，只靠生搬硬套，那么结果注定只能是弄巧成拙。在调动你的幽默细胞时，一定要记住，所谓"高端黑"，重点在于"高端"而不是"黑"，失去了"高端"的设定，那就真的只能剩下"黑"了。

在这里，给大家提几点建议，希望每个人在运用幽默的时候，能把握好尺度，别用低级趣味拉低自己的格调。

第一，别降低档次，把滑稽当幽默。

很多人常常会混淆滑稽和幽默的概念，把扮丑当作幽默，并乐此不疲。然而，事实上，滑稽与幽默是有本质上的区别的，扮丑逗乐顶多能称为滑稽，远远称不上幽默。甚至有时候，扮丑逗乐这件事，把握不好尺度，反而会让人产生厌恶感，尤其是那些本身就带着恶意的扮丑行为。

第二，保持善意，摒弃嘲讽。

讽刺和幽默常常被人们相提并论，这其实也不难理解，毕竟这一对"好兄弟"常常携手上阵。"高端黑"不正是讽刺和幽默结合的最佳产物吗？但即便是再亲近的"兄弟"，也是存在差异的，讽刺和幽默同样如此。如果失去了善意，那么这种带着幽默的讽刺便只是嘲讽，哪怕把话说得再巧妙，也改变不了它恶意的本质。

第三，别太刻薄，宽容待人。

一个总是贬低别人，说话尖酸刻薄的人，不管走到哪里，都是很难受到别人的欢迎的。幽默与刻薄本就不是"一路人"，幽默是一种圆融的智慧，是人与人之间有效的润滑剂。一个懂得幽默的人要有一颗豁达、宽容的心，这样才能自然而然地以幽默的心态来看待分歧、争端等。否则，只是言辞幽默而内心却斤斤计较，那对方听来也会感到刺耳。

可以不说话，但不能不会说话

　　人们都愿意和性格直爽、坦诚的人交朋友，但直爽、坦诚并不等于说话可以不顾及他人的感受。

　　说话不经大脑思考是沟通中的大忌。每个人的接受能力都不同，也有各自的敏感点，有的话你不在意，不代表别人也不在意。所以，与人沟通交流的时候，如果你总是不讲究方式，想到什么就说什么，那么你的直言快语只会让人感到肤浅和粗俗。要知道，你可以少说话，但不能什么话都不经大脑思考就随便说。有时，一句话的失误就能毁掉一个成功的机会。

　　唱片业巨头公司的资深顾问西蒙·考威尔是著名的娱乐业大亨，在娱乐圈地位颇高。辉煌的成就为西蒙带来了人气和名气，许多热门的选秀节目都趁势向西蒙发出邀请，希望他能在节目中担任评委。

　　对于西蒙来说，这似乎是一种不错的体验，而且对于自己的眼光，他是非常自信的，因此便欣然接受了一些节目的邀约。

在这之前，虽然西蒙一直混迹娱乐圈，但毕竟做的是幕后工作，所以在台前也没想过要掩饰自己真实的性格。平日里西蒙就是个性情直爽、脾气暴躁的人，虽然没什么坏心眼，但在公司训斥手下也是毫不留情。担任评委之后，他依然如此，评价那些参赛选手时一点都不留情面。

比如在某期节目上，一位参赛选手表演唱歌，还没等人家唱完，西蒙就已经极不耐烦地对选手说道："如果你再不闭嘴的话，我恐怕会控制不住往你嘴里扔个鱼钩。"

还有一次，一位选手另辟蹊径地表演了一个比较特别的节目，但效果似乎不是那么好。西蒙直接说："这个表演确实非常特别，但很不幸，它也非常差劲。"

还有一次，他嫌弃一位选手气场不足，便对其直言："你就像一只小仓鼠，却妄想着要做大老虎。"

这些毫不留情的话语使西蒙被冠上了"毒舌"之名，并多次被选手和观众控诉。许多主流媒体也纷纷表示，西蒙的做法实在太过分了，完全不懂得尊重他人。《泰晤士报》在评价西蒙的时候，甚至直言他是"无情、轻率、肤浅，污染了名人之海的废料，是堪比垃圾的有毒泡沫"。

最终，在舆论压力下，西蒙只得退出了节目，还因为被控告而损失了不少钱。

那么我们好好回想一下，你是否也曾犯过和西蒙一样的错误——过于耿直呢？朋友穿着不合时宜的新衣服，你会直截了当地告诉他不好看，顺便再调侃一下他眼光差；同事最近为体重的增加而烦忧，你毫不顾忌地指出对方身材走样，颜值下降……如果你就是这样一个耿直而又完全不懂得考虑别人心情的人，那么我想你应该已经明白，自己为什么不受欢迎，难以拥有好人缘了吧？

你可以不说话，但绝不能不会说话。人们并不会从一开始就讨厌一个沉默寡言或讲起话来滔滔不绝的人。但一个人如果总是口无遮拦，张嘴就没一句好话，那么无论是谁，恐怕都喜欢不起来。

所以，为了避免发生不愉快的事情，有些话还是含蓄一些比较好。尤其是在批评人的时候，含蓄绝对是令人拍案叫绝的沟通方式。它不仅能够让被批评的人更容易接受你的意见，同时也能避免对方对你产生情感上的抵触。

罗西尼是19世纪著名的意大利作曲家，也是一位情商极高的先生。一天，一位年轻的作曲家带着自己的作品前来拜访罗西尼，恳求他能抽出一些时间来听听自己的曲子，并给出一些意见。

在这位年轻的作曲家演奏时，罗西尼一直都听得十分认真，并不时对他脱帽致敬。

演奏完毕后，年轻的作曲家满怀期待地看着罗西尼，等待他的点评。罗西尼想了想之后，微笑着对他说道："太好了。"

听到这话，年轻人激动得脸都红了，兴奋地追问道："真的吗？那您刚才一直脱帽，是对我的认可吗？"

"并不是因为你，"罗西尼礼貌地笑着回答道，"我有个习惯，那就是见到熟人就忍不住脱帽致意。在阁下的曲子里，我碰到太多熟人了，所以忍不住一直脱帽向他们致意。"

很显然，罗西尼第一时间就发现了这位年轻作曲家的作品有着严重模仿的痕迹，甚至有抄袭的嫌疑，这是个很严重的问题。但罗西尼与这位年轻人刚刚认识，如果直截了当地出言批评，很可能会让双方都陷入尴尬。所以，罗西尼采用了委婉又幽默的讽刺，既给年轻人保留了一些颜面，又没有削减对这个年轻人的批评力度。明面上，罗西尼的批评方式轻松幽默，其内涵却又十分深刻，比直言指责更令人印象深刻。

过犹不及，幽默也讲究适度

　　任何东西都讲究适度，一旦超出某个范围，再好的东西也会变得一般，甚至成为不好的东西。过犹不及就是这个道理。幽默也是如此，虽然我们一直在强调幽默在人际交往中的重要性，但这并不意味着，你所展示出的幽默越多，就越会得到人们的欣赏和喜欢。

　　一部好的喜剧电影，除了要有足够的笑料之外，节奏的安排也是极为重要的。如果不顾及节奏安排，只是一味地把所有好笑的东西都一股脑儿地塞到电影中，那反而会让人产生厌倦心理，喜剧效果也将大打折扣。

　　与人交际的时候也是一样。不经意展露出的幽默通常能够产生一鸣惊人的效果，让人印象深刻。但如果每时每刻都试图展现自己的幽默，就不免会让人觉得腻味，甚至可能给人带来一种肤浅的印象。凡事过犹不及，幽默也讲究适度。

孟骁是个软件工程师，非常喜欢研究电脑技术，平日里不太爱说话。按理来说，孟骁这样的性格往往会给人安静、木讷的感觉。但大部分认识孟骁的人提起他的时候，对他的评价却都是："这人挺逗的，别看一副闷葫芦的样子，冷不丁就秒变'金句王'。"

比如有一次，孟骁被几个朋友拉去一个饭局凑人数。参加饭局的大部分人孟骁都不认识，平时就不怎么爱说话的他那天就更安静了，老老实实地坐在一边听大家聊天。聊着聊着，大家就说起了学生时代的一些趣事。一个女孩提起她中学时候的一个同学，说那个同学特别喜欢捉弄人，常常在班上恶作剧。有一回，他在教室墙壁上画了一条蛇，就在自己的座位旁边。结果女孩儿一大早迷迷糊糊地刚到教室就被那蛇吓了一大跳，尖叫着冲出了教室……说到这里，女孩脸红红地感叹，当时可真是糗大了。

就在大伙纷纷声讨那个不厚道的同学时，一直没说话的孟骁冷不丁冒出了一句："你同学应该再在墙上画一道门，好让你被吓到之后从门里冲出去。"

话一出口，众人停顿了片刻，然后爆发出一阵哄笑。那天饭局结束之后，这个女孩还特意向孟骁的朋友打听了他的情况，觉得他是个特别幽默的人。可实际上，从头到尾，孟骁在饭局上开口说的话不超过十句。

可见，幽默这回事，贵精不贵多。像孟骁，从头到尾只是抛出了那么几句画龙点睛的话，就轻易地让别人记住了他。孟骁的幽默之所以这样深得人心，除了这个话题本身的笑点之外，还有更重要的一点，那就是反差。平时的孟骁给人的感觉就是沉默、不爱说话，可能还有些木讷，但就是这样的一个形象，却突然蹦出一两句"金句"，令众人捧腹大笑，这种反差会让人印象十分深刻。试想一下，如果孟骁平时给人的感觉就是能说会道，喜欢贫嘴逗乐，那么像这样偶尔冒出的"金句"怕也只是让人觉得寻常吧。

幽默是智慧的灵光一现，更是知识的厚积薄发。要想做到这种画龙点睛的幽默，平时的训练和积累是必不可少的。在日常生活中，想要提升幽默"段位"，可以从以下几个方面着手。

第一，多收集奇闻趣事。

在空闲时间里，多看书、多读报都是不错的积累素材的好渠道。尤其在如今这个网络时代，哪怕足不出户也能遍览各种知识。不妨试着多关注一些有趣的网站或者公众号，这些地方通常都会有专门搜集记录奇闻趣事的专栏，都是非常不错的幽默素材。

第二，从经典影片中吸取幽默精髓。

许多经典的影视大片中都会有一些语出惊人的幽默话语，这也是非常值得我们学习和借鉴的。所以，在观看电影或电视剧的时候，不妨留心从中获取一些有益的东西，吸取其幽默的精髓。

第三，从娱乐节目中学习幽默。

现在有很多娱乐节目都擅长用幽默的方式吸引观众，这其实也是一种利用反差制造出"萌点"的行为。不妨多向这些娱乐节目取取经，学习一下它们的幽默。

第十章

你说话让人舒服的程度，
影响你能达到的高度

　　每个人来到这个世界之后，无论是对生活享受的追求，对感情的渴望，还是对事业、金钱、地位的追逐，最终都是为了让自己的身体或者心理得到满足，让自己过得舒服。如果你说话能够让对方舒服，那么对方就愿意帮助你。也正是因为如此，你说话让人舒服的程度就影响了你能达到的高度。

这个时代，交际能力影响了你所能达到的高度

在这个时代，朋友是极具竞争力的资源。每个人的个人能力始终是有限的，谁也不可能仅仅靠自己就完成所有事情。很多世界知名的大企业在提拔或选用高层领导的时候，也并不仅仅考察对方的个人业务能力，他们更为看重的，是对方的交际能力和人际关系。因此，从某种意义上来说，交际能力其实已经隐隐成为一个人的核心竞争力。

哈佛大学就曾针对贝尔实验室的顶尖研究员们做过一项调查，结果发现，这些被精心挑选出来的科研人才，之所以能进入贝尔实验室，并最终成为业内数一数二的领头人物，除了拥有过硬的个人能力外，还在于他们拥有强大的交际能力和良好的人际关系。

这其实并不奇怪，想要做好一个项目，就需要涉猎众多领域，而这些科研人员压根不可能通晓所有领域的知识。这些人在自己的专业领域或许是权威，但在其他领域的知识储备就未必深厚了。

此时，强大的交际能力与良好的人际关系就凸显了其重要的价值。比如，在项目中，当他们遇到棘手的问题，不知道该如何解决的时候，想要"现学现卖"显然是不现实的，他们只能想办法求助于相关领域的专家。这个时候，能否迅速在自己的朋友中找到助力，就要看这个人的交际能力和人际关系了。

交际能力，是现代社会极其重要也是相当宝贵的竞争资本之一。

而提及人际交往，最直观的体现还是在于说话。人与人之间的交际，大部分都是通过语言进行的。会说话的人很容易就能引起他人的好感，从而建立起牢固的关系；而那些不会说话的人，则往往可能得罪了别人还不自知，最终把成功白白葬送掉。也难怪有人会感叹，在这个时代，你的说话方式影响了你能走多远。

思思的丈夫和芳芳的丈夫在同一家公司上班，又因为两家人住得近，年龄也差不多大，所以有什么活动都是两家一起进行。

有一次，思思和芳芳一起去打保龄球。但是芳芳是初学者，球技自然不行。思思出于好心，便当教练教起芳芳来。思思是个心直口快的人，喜欢有什么说什么。在教芳芳打球的过程中，如果芳芳的球没打好，她张嘴就说人家"球技真差""你怎么这么笨"之类的话。

这让芳芳非常生气，她说："你说话可不可以含蓄点？""什么含蓄，你笨就笨嘛，还不让人说了，真是的！"就这样，两个人弄得十分不愉快。回家后，二人又添油加醋地向各自的丈夫抱怨了对方一通，让他们在公司见面时也感到很尴尬。

思思其实并没有恶意，但是因为她不懂得好好说话，结果是"好心办错事"，让两家闹得不愉快。如果思思懂得说话的技巧，在教芳芳打球时注意语气和措辞，就不会造成这样的结果了。由此可知，不会说话，对生活和工作的影响有多大。

有时候，语言就是一个人的门面。一个人是否真的有气质，是否真的优雅，并不都体现在外表上，也会体现在内在上，而向别人展示你内在的途径之一就是说话。

李先生去沈阳出差，就遇到过这样一件事。李先生下飞机后提着大包小包走出了机场。由于他只顾寻找接他的朋友，东张西望，一不小心撞在了一个行人的身上。那个人长得膀大腰圆，被撞后睁大两眼瞪着李先生，怒气冲冲地吼道："你干吗？没长眼睛吗？"

听着对方的话，李先生心里很不高兴，刚想回敬两句，转念又想：算了算了，他不文明，我不能没礼貌，吵几句又能怎样？搞不好麻烦会更大。想到这，李先生连连道歉，说道："实在对不起，我着急找人，真不是故意的，请多包涵。"简单的几句话，却说得那个人也没脾气了，只好看了李先生一眼，径直走了。

我们可以试想一下，如果当时李先生直言快语，以不敬还不敬，结局恐怕就是另外的样子了。因此，我们说话时，应该让自己的语言含蓄一些，不要冒犯别人。否则，刺伤别人后，也会害到自己。

俞敏洪曾说过："一个人成功，需要三种商数起作用，智商、情商和逆商，智商是对于知识的学习和领悟，情商是混迹于人群并赢得他人喜欢的能力，逆商是面对失败、挫折的乐观心态，有逆商的人爬起来的速度比摔倒的速度还要快。智商高情商低的人适合做独立创造之事，情商和逆商高于智商的人，适合做在社会上摸爬滚打的事情。"

一个人交际能力的高低实际上也就是这"三商"的一个综合反映。智商影响了一个人搜集谈资的能力，情商影响了一个人说话方式和情绪的表现能力，逆商则影响了一个人在人际交往中的态度与承受能力。

总而言之，语言的力量是不容小觑的。人与人之间的交际关系可以说是"成也交际，败也交际"，而交际最简单也最直接的体现就是说话。话说得好，一句就可能为你赢得一个知己；话说得不好，一句就可能会给你带来一个敌人。这是一个比拼交际能力的时代，你会不会说话，擅不擅长与人交际，直接影响了你未来发展所能达到的高度。

少用"命令"，平等相交

　　没有任何一个人喜欢被命令、被支使，即便对方的身份比自己高，这种时刻被俯视的感觉也会让人心里不舒服。

　　试想一下，如果一个人总是在命令你，告诉你说："你今天必须给我……""你得去……"你会有什么样的感受呢？即便谈不上记恨，怕是也不会对这个人有多好的印象。但如果这个人换一种方式和你沟通，告诉你说："麻烦你去做一下……""我觉得这样或许会更好，你可以考虑一下……"你是不是就感觉好多了？

　　同样的意思，表达的方式和语气不同，带给人的感觉也完全不同。前者是以高高在上的命令姿态在与人沟通，很容易让对方觉得自己没有得到尊重，甚至激发逆反情绪；而后者给人的感觉则变成了一种请求和建议，能够让对方感觉到自己被重视和尊重，从而在心理和情感上都得到满足。

　　前些年，老陈利用自己在业内的资源创办了一家属于自己的公司，运营得不错。但有个问题一直让老陈非常困扰，那就是公司销售部门不知道为什么辞职率非常高。老陈曾数次提高该部门的待遇和奖励，但始终收效甚微，仍然留不住人。

销售部是公司的重要部门，待遇也绝对是公司内部最优厚的。老陈怎么也想不通，到底是什么导致了该部门员工的高频率辞职。恰好这个时候，老陈一位好友的儿子小王在找地方实习，老陈顿时灵机一动，把小王安排在了自己公司，并嘱咐他要好好在销售部门做卧底，好搞清楚这些员工到底为什么非走不可。

小王是个活泼外向、交际能力很强的人。他刚进入销售部没几天，就已经找到了问题所在。

销售部的负责人老赵和老陈是多年的好朋友了，个人工作能力非常强，这一点毋庸置疑。业务能力方面，老赵没什么可挑剔的，但他有个毛病，就是特别喜欢端架子，尤其在面对员工的时候，态度强硬得不行。比如老赵有个习惯，就是每次给下属安排完工作之后，都要强迫他们复述一遍，但凡哪里说得不对，便劈头盖脸地骂一顿。

有一回，小王就撞在枪口上了。那天，老赵和往常一样，给小王安排了工作任务，然后又让他复述一遍。当时，小王因睡眠不足晃了一下神，复述任务时漏掉了几条。结果，还没等他复述完，老赵已经直接开始骂人了……

工作了一段时间之后，小王总算摸清了老赵的性子，知道他并没有什么坏心。但不得不说，那端着领导架子、目空一切的样子很让人反感，难怪销售部明明各种福利待遇都非常优渥，却始终留不住人。

实习结束之后，小王把那天被老赵训斥的事情原原本本地告诉了老陈，并说道："从赵经理办公室出来后，我就有种冲动，想进办公室把赵经理也骂一顿，再把辞职信丢到他脸上……要不是记挂着答应您的任务，恐怕我就真要这么干了。"

一位成功的企业家在接受记者采访的时候这样说道："很多人问我是如何让企业拥有这样强大的凝聚力的？我告诉他们：只要记住，无论和谁说话，都不要用命令的方式，哪怕对方地位比你低。通常情况下，建议比命令更容易让人接受，所以秘诀其实就是八个字——命令无效，请教事成。"

客观来说，老赵其实是个非常认真负责的领导，他让下属复述自己下达的任务，为的是保证工作不出纰漏；他严厉批评下属，也是为了让工作完成得更好。但从情感方面来说，老赵的暴脾气和在面对下属时那种颐指气使的姿态，很容易伤到对方的自尊心。尤其是在他下达命令并要求下属进行复述的时候，很可能会造成对方的误会，让对方认为老赵是在故意给他下马威。

人都有自尊，谁也不希望自己被别人当成工具一样随意指挥。相比那种高高在上的命令式姿态，平等和信任的姿态显然更容易让人生出好感。我们给予某人命令或建议的最终目的是希望对方能够按照我们的指挥行动，既然如此，那么为何不使用对方更容易接受的语言方式与之沟通呢？

要记住："命令无效，请教事成。"收起那颐指气使的命令式语言，换一种更温和的说法，相信你会更容易达成自己的目的。

起了兴致，话题才能继续下去

俗话说："酒逢知己千杯少，话不投机半句多。"

每个人的性格不同，有的人天生喜欢说话，话匣子一打开就没完没了；有的人则习惯沉默寡言，不太喜欢和别人聊天。但不管对方是什么样的性格，喜欢说话还是习惯沉默，只要你能抓住对方的兴趣点，让对方起了谈兴，那么谈话就永远不会冷场。

很多时候，我们觉得谈话无法继续下去，问题的根源还是在于我们所谈论的话题不能引起对方的兴趣。

每个人喜欢的东西不一样，所谈论的话题自然也有所不同。比如有的人喜欢车子，一谈到汽车就滔滔不绝；有的人喜欢房子，买房、房地产投资，任何一个话题都能让他欲罢不能；有的人喜欢电影，对每个名导、演员都如数家珍；有的人喜欢诗歌，随时随地都能吟一句诗……即便是那些看似沉默寡言，不喜欢说话的人，也必定有自己的兴趣点。很多时候，他们不爱说话，不凑热闹，不过是因为没有能引起他们兴趣的话题罢了。

我们知道，兴趣这种东西是无法强求的，完全取决于个人。这就好像是在饭桌上吃饭一样，每个人喜欢吃的东西都不同。遇到喜欢吃的菜，自然愿意多动几次筷子。如果全是自己不喜欢的菜，那这顿饭估计也提不起什么精神来。而那些情商高的人的高明之处就在于，他们非常懂得察言观色，能够很快发现别人的兴趣点和兴奋点。哪怕对方不善言辞，只要话题抛得准、抛得对，就能激起对方的兴致，从而让谈话进行下去。

陈岚是某百货公司服装部的金牌销售员，业绩斐然。在推销方面，陈岚有着自己独到的方法。

和其他专注于商品推荐的销售员不同，陈岚认为，推销的过程，重点其实不在商品，而在于与顾客之间的互动。简单来说就是，只要能让顾客聊得开心，那么生意成交的可能性就会大大增加。毕竟店里的商品琳琅满目，想要找出让顾客满意的东西并不难，真正难的是如何让顾客愿意买东西，愿意把时间花费在你身上，听你的推荐。

那么，如何才能同顾客聊得开心呢？简单来说就是，要找到顾客感兴趣的话题，只有先让顾客起了谈兴，谈话才能继续下去。这考验的就是销售员察言观色的能力了，陈岚在这方面当属强者。

有一次，一名女性顾客在店里试了一件衣服，对款式和面料都很满意，但在颜色上却有些犹豫。

陈岚注意到这位女士皮肤保养得非常好，而且从她拎着的袋子可以看出，她似乎刚刚购买了一套价格昂贵的化妆品。可见这位女士在皮肤的保养上是下了大功夫的。

陈岚微笑着对女士说道："这件衣服真适合您。因为颜色比较特别，这件衣服好多客人都喜欢。但因为皮肤不够白，都撑不起来。还是得像您这样皮肤白皙的人，穿上这衣服才有效果！您皮肤这么好，平时有没有什么美白秘诀啊？可真让人羡慕！"

说到皮肤保养，这位女士显然非常自豪，一边美滋滋地照着镜子，一边兴致勃勃地向陈岚传授她的日常保养经验。两人越聊越开心，最后除了那件原本在颜色选择上有点犹豫的衣服之外，那位女士又买了两件陈岚推荐给她的衣服。

陈岚非常聪明，她从一些小细节入手，迅速洞悉顾客的内心，抓住顾客的兴趣点，然后以顾客感兴趣的话题为切入点，赢得了顾客的好感。而只要顺利建立起沟通的桥梁，那么除非陈岚推荐的东西是顾客完全不感兴趣的，否则这次的生意十有八九是能够成交的。

谈兴是个非常抽象的概念，但其实人与人的某些小习惯是相同的，比如遇到自己喜欢并且非常感兴趣的话题时，总会忍不住多说几句，围绕这个话题展开叙述，并且沉迷其中，十分开心。这个时候我们就要留心了，可以接着这个话题向下引导，然后就会渐渐激发起对方的谈兴，让这场对话的气氛热络而友好。

做人可以直爽，但说话别太直白

在我们身边，总有这样一些人，说话口无遮拦，总是让人下不来台，末了还要挥挥手，状似豪爽地补上一句："我这人性格就是这样，说话直，向来都是这样有一说一，有二说二，请你不要介意……"可是，凭什么呢？凭什么因为你性格如此，其他人就必须忍受你的口无遮拦，就必须接受你的没礼貌呢？

人们欣赏直爽的人，是因为他们真性情、不虚伪、不做作，他们的感情直白而热烈，不会故意讨好不喜欢的人，也不会去耍什么阴谋诡计。直爽是感情上的直来直往，而不是嘴巴上的口无遮拦，更不是没教养的借口。

试想一下，如果你的身边有这样一个人：

见到你穿了一条新裙子来上班，他便当着所有同事的面，"心直口快"地批评："这裙子不适合你啊，你那么胖，穿着真不好看。你还是买点那种宽松的吧，不然肚子太明显了……"

你找到了一份新工作，正兴致勃勃地准备拉上一群朋友庆祝一番时，他便絮絮叨叨地开始告诫你："这工作你能干得了吗？我又不是不知道你这人平时都什么样，性格内向又木讷，不会讨好人，连几句漂亮话都不会说，以后怎么和客户打交道啊？要我说，你还是太冲动了，这年头，安安稳稳有什么不好，非得好高骛远。我说这庆祝会还是不要办了，万一不久你就失业了呢……"

知道你交了男/女朋友，正沉浸在甜蜜的幸福中，他撇撇嘴，满脸不以为然地开始念叨："你眼光也太差了。那人长得一般，身材一般，家境一般，连工作都一般，你还跟捡了个宝似的，太傻了吧……"

面对这样的人，你能忍受多久呢？你真的会愿意和这样一个"直爽"的人做朋友吗？答案已经显而易见了吧！

说话直不等于没有教养，但在现实生活中，却总有这样一种人，以自己"直爽"为借口，毫无顾忌地用语言伤害别人。自己口无遮拦，还不允许别人谴责他，仿佛只要别人跟他计较，就是小肚鸡肠，不能容人。

在一次聚会上，秦璐突然告诉大家，她准备辞职，和男朋友一起创业。说到高兴之处，秦璐把和男朋友一起制订了许久的创业规划粗略地向大家讲述了一番。听了秦璐的话，朋友们纷纷给予了鼓励和祝福。

就在这个时候，其中一个人突然一脸沉痛地拉着秦璐的手，絮絮叨叨地说道："唉，秦璐，你是不是真想好了啊？我觉得你实在是太冲动了，真的，这一行根本就不适合你。人一定要有自知之明，你看看你自己，性格呆板，又不擅长交际应酬，还是稳稳当当地在公司里赚工资比较适合你……再说了，你和你男朋友一起创业，依你的个性，以后肯定是压不住他的，万一到时候他把你甩了，那你可就真就是什么都没了……我说秦璐，做人呢，不能只凭一腔热血，得知道自己几斤几两……唉，你也别怪我说话难听，我这人就是这样，有什么就说什么，也是为了你好……"

好好的一场聚会，就因为这一通"直爽"的话，弄得大家都很尴尬。尤其是秦璐，原本满面春风，对未来充满期待的她，脸色已经变得非常难看了。

好好的一场聚会，算是彻底被这位"有什么说什么"的"直爽"人士给毁掉了。退一万步说，即便真如这位"直爽"人士所说的那样，他说的这些丧气话完全是出于对朋友的关心和担忧，恐怕没有任何一个人在听完这番话之后，会对这种"好意"表示感谢。再者，不管做任何事情，都不可避免地要同时肩负失败和成功的可能，这位"直爽"人士又凭什么断定别人会失败呢？

一个人如果真的关心另一个人，那么无论做什么、说什么，都必然会顾及对方的感受，懂得换位思考。一个人心中抱有的究竟是善意还是恶意，是可以从话里行间感受到的。语言的表达方式有很多种，即便是同样的意思，也完全可以用不同的方式进行表述，而不同的表述方式带给别人的感受自然也是不尽相同的。

所以，若你真心想要提醒或规劝别人，为什么不能用一种更容易让对方接受的方式把你的提醒或规劝说出来呢？如果一个人连最基本的说话都不懂，也不懂得给予别人最基本的尊重，那只能说明这个人是缺乏素质和教养的。要知道，真正的直爽应该建立在相互尊重的基础上，而不是由着自己的性子，想说什么就说什么，丝毫不体谅听者的立场与心情。

"谈"出良好的第一印象

与人结交，第一印象至关重要。第一印象好，往往就能自然地建立起稳固的关系，谈成生意，甚至成为朋友；反之，如果第一印象不好，那么双方很可能会不欢而散，甚至对方可能会避免与你再产生任何交集，从今往后"老死不相往来"。

那么，我们究竟该如何做，才能给对方留下一个良好的第一印象呢？关键其实还是在"谈"上。

我们与人结交，几乎都是从交谈开始的；我们对彼此第一印象的建立，实际上也是在交谈之中逐渐建立起来的。因此，想要给别人留下一个良好的第一印象，还得从说话上下功夫。

第一，说好开场白。

开场白是我们在陌生人面前展现自己的第一步，也是建立第一印象的开始。可以说，第一印象是否良好，至少有百分之十取决于我们的开场白。

通常来说，常用的开场白有三种：问候式开场白、敬慕式开场白以及攀认式开场白。

先说问候式开场白。大部分人在和陌生人结交时，都会以"您好"做开场白，以此来向对方问候致意。根据结交对象的不同，我们可以对问候式开场白进行一些调整。比如，当对方与你年龄相仿时，你可以直呼其名，再加上问候语，以示亲切；如果对方是德高望重的老者，则应该使用敬语，如"您老人家好"，以示敬意；如果对方从事的是某些具有标志性的职业，如医生、教师等，问候时可加上职称，如"×医生，您好！"或者"×老师，您好！"等，以示尊重。

敬慕式开场白，顾名思义，就是以表示对对方的敬仰之意作为开场，比如"久仰"或"请多关照"等。使用这一类型的开场白，比较容易给对方留下热情有礼的印象。

攀认式开场白，其实就是"拉关系""攀亲"。比如可以自我介绍说"我和你姐姐是同学"或者"我和你妈妈是朋友"等，以此来迅速拉近彼此之间的距离，消除陌生感。

第二，谈吐优雅，气质自现。

想要给别人留下良好的第一印象，就要注意自己的说话方式，不能满嘴脏话。正所谓"谈吐优雅，气质自现"，你所展现出来的一言一行，都会成为别人认识你的名片。

第三，不要打探对方的隐私。

虽然说交换秘密是拉近两个人距离最有效的办法，但这应该是建立在双方有了一定认识的基础上。如果你与对方只是初次见面，彼此之间毫无信任可言，那么最好还是不要太过热情，与对方保持一个安全的距离。尤其不要试图打探对方的隐私，这是非常唐突的表现，甚至可能会引起对方的反感。

第四，察言观色，注意对方的情绪。

想要给别人留下一个良好的第一印象，除了恰如其分的话语之外，我们还得学会察言观色，时刻注意对方在交谈中的情绪变化。这样我们才能知道，在聊天的过程中，对方对哪些话题是真的感兴趣，对哪些话题是随意敷衍。了解清楚这些，对我们之后与对方的交往是非常有帮助的。

第五，远离敏感话题。

与初次见面的对象交谈，保险起见，最好避免提及较为敏感的话题，比如宗教、政治立场等。毕竟彼此之间还没有什么交情，你也不清楚对方的一些立场，所以还是尽量不要提及，以免双方出现对立情绪，不但没能成为朋友，反而惹对方生气。

此外，除了宗教、政治立场之外，诸如学历、家世等方面的话题，最好也是少谈为妙。毕竟在提及这些话题的时候，难免就会出现一些带有个人倾向的评论，一个不慎，很可能会使两个人产生分歧，导致不欢而散。

第六，意犹未尽的告别。

做事讲求善始善终，有了良好的开场与交谈过程之后，告别的环节也需要精心雕琢。告别是我们与对方结束第一次会面之后留给对方的最后印象，直接影响对方对我们初次印象的形成。所以，告别语一定要说好，力求让对方产生意犹未尽之感，从而为下一次见面及之后深入的交流做准备。

以上提及的六点，正是我们与别人初次见面时需要注意的地方。只要能把这些尽量做到最好，你就能给对方留下一个非常好的第一印象。